Título original: Solución Fiscal Chipre.

©Solución Fiscal Chipre, Víctor Martínez y Carlos Martínez, 2024.

Autores: Víctor Martínez y Carlos Martínez.

© Portada e ilustraciones: Víctor Martínez y Carlos Martínez.

Maquetación y diseño: Víctor Martínez y Carlos Martínez.

Todos los derechos reservados.

Esta publicación no puede ser ni total ni parcialmente reproducida, almacenada, registrada o transmitida en ninguna forma ni por ningún medio, sea mecánico, fotoquímico, electrónico, magnético, electroóptico, ni mediante fotocopias o sistemas de recuperación de la información, o cualquier otro modo presente o futuro, sin la autorización previa y por escrito de los titulares del «copyright».

SOLUCIÓN FISCAL CHIPRE

Guía esencial para el traslado personal y empresarial a Chipre.

INDICE

1. Introducción.
2. Nuestra experiencia personal.
3. Propósito de nuestro trabajo y contacto.
4. Profesiones interesantes para mudarse a Chipre.
5. Migración corporativa.
6. Creación empresa.
7. Yellow slip.
8. Non-domicile.
9. Procedimiento: No eres ciudadano de la Unión Europea.
10. Company vat registration + company tax registration + company management registration.
11. Personal tax registration.
12. IVA intracomunitario o transfronterizo (VIES).
13. Salario.
14. IP box.
15. Contabilidad.
16. Inversión: Criptomonedas, EFT, traiding, Bolsa...
17. Cuentas bancarias.
18. Inmobiliaria: Alquiler y compra de vivienda.
19. Dar alta suministro luz.
20. Dar alta suministro agua.
21. Seguros: Salud y vehículo.
22. Alquiler y compra de vehículos.
23. Compañías: Internet y teléfono.
24. Espacios Coworking.
25. Comida a domicilio.
26. Nacionalidad.
27. Seguridad.
28. Escolarización.
29. Preguntas frecuentes.
30. Historia de Chipre.
31. Crisis de los Bancos Chipriotas.
32. Ciudades más importantes y lugares turísticos.
33. Comida típica.
34. Curiosidades.

1
INTRODUCCION.

En el corazón del Mediterráneo, Chipre emerge no solo como un cruce de culturas y una joya turística, sino también como un centro atractivo para individuos y empresas que buscan optimizar su panorama fiscal y aprovechar un entorno empresarial favorable.

Este libro, fruto de la experiencia acumulada y el profundo conocimiento de un equipo de especialistas asesores, se propone como una guía esencial para aquellos que consideran el cambio de residencia fiscal a Chipre, tanto para personas físicas como para entidades corporativas.

A través de sus páginas, compartiremos nuestra experiencia personal, no solo como asesores sino como participantes activos en el proceso de transición hacia una nueva residencia fiscal en Chipre.

Nuestro propósito se extiende más allá de la mera consultoría; buscamos ser un puente que conecta sueños con realidades, facilitando un cambio fluido y conforme a las regulaciones legales.

Nuestros clientes abarcan un amplio espectro, desde empresarios individuales hasta corporaciones multinacionales, pasando por aquellos que buscan un refugio seguro para sus inversiones en criptomonedas, ETFs, trading y la bolsa.

Para cada uno, Chipre ofrece un terreno fértil para la prosperidad y el crecimiento.

Desde la migración corporativa y la creación de empresas hasta la obtención del "Yellow Slip", pasando por el estatus de "non-domicile" y el manejo de aspectos específicos, este libro abarca todos los detalles necesarios para una transición exitosa.

Detallamos los procedimientos para el registro de IVA y gestión empresarial, así como para la obtención de beneficios fiscales a través del "IP Box", y abordamos las particularidades de la contabilidad en el contexto chipriota.

La inversión, la compra o alquiler de vehículos, la gestión de cuentas bancarias, el mercado inmobiliario, y hasta aspectos tan cotidianos pero cruciales como los seguros y la escolarización, son aclarados con detalle, proporcionando un compendio de conocimiento indispensable para el expatriado moderno.

Además, debido a la importancia de integrarse en la rica cultura chipriota, comentamos aspectos como seguridad y exploramos las ciudades más importantes y lugares turísticos, sin olvidar deleitarse con su comida típica.

Este libro no solo es una guía fiscal y empresarial sino también una ventana a la vida en Chipre, ofreciendo respuestas a las preguntas frecuentes y despejando el camino hacia la adquisición de una nueva nacionalidad, si se precisa de ello.

Bienvenido al próximo capítulo de tu vida en Chipre, donde la historia, la innovación y la oportunidad se encuentran para crear un futuro muy próspero.

2

NUESTRA EXPERIENCIA PERSONAL.

En la búsqueda de nuevos horizontes que combinaran la seguridad, una fiscalidad favorable y un ambiente estable para vivir y desarrollar negocios, nosotros, inicialmente dos emprendedores españoles, con una sólida experiencia en el sector de la consultoría y los seguros, así como en el emprendimiento a través de la venta de productos en Amazon a nivel mundial, tomamos la decisión de dejar atrás nuestro querido país, España.

A pesar del amor profundo que sentíamos por cada rincón de nuestra tierra y la calidez de sus gentes, los desafíos de altos impuestos, la creciente inseguridad en las calles y la inestabilidad política nos impulsaron a buscar una alternativa que se alineara más estrechamente con nuestras aspiraciones personales y profesionales.

Después de un exhaustivo análisis de diversas opciones, como Portugal, Malta, Estonia, Andorra, Bulgaria y Hungría, Chipre emergió como el destino ideal.

La isla mediterránea prometía no solo un entorno seguro y una estructura fiscal atractiva, sino también la oportunidad de sumergirse en una rica cultura y disfrutar de un estilo de vida envidiable, sin embargo, la transición no fue sencilla.

Cerrar la actividad económica en España implicó enfrentarse a una serie de desafíos, aunque cabe destacar que, lo más molesto fue la continua decepción que recibimos de consultores que, en teoría estaban especializados en creación de empresas en Chipre, y no cumplían ni de lejos las expectativas, en términos de eficiencia, compromiso y profesionalidad.

A pesar de la mala gestión de los asesores "expertos" que contratamos, no nos rendimos y nuestra determinación nos llevó a enfrentar personalmente los engorrosos trámites de la burocracia chipriota.

Este proceso de aprendizaje, aunque arduo, nos permitió adquirir un conocimiento profundo sobre los procedimientos necesarios para establecerse y trasladar la actividad económica a Chipre de manera optimizada y profesional.

La experiencia no solo fue transformadora en un sentido personal y profesional, sino que también sembró la semilla de un nuevo emprendimiento.

Una vez asentados en Chipre, y después de experimentar de primera mano los beneficios de la decisión tomada, comenzamos a compartir nuestros conocimientos y experiencias adquiridos con amigos, colegas del sector y otros profesionales.

La ayuda resultó invaluable para muchos que buscaban mejorar su situación fiscal y encontrar un equilibrio entre la vida laboral y personal en un entorno más favorable.

La demanda de asesoramiento creció de tal manera que nos vimos impulsados a formalizar nuestra oferta, transformando las experiencias, lecciones aprendidas y contactos realizados en un servicio profesional destinado a aquellos interesados en trasladarse a Chipre.

Hoy en día, ofrecemos un servicio único, caracterizado por un seguimiento continuo y un asesoramiento de alta calidad, especializados en la creación de empresas internacionales en Chipre.

El enfoque personalizado, basado en nuestra propia travesía y desafíos superados, nos permite guiar a los clientes a través del laberinto burocrático, asegurando un traslado y establecimiento 100% exitoso en la isla.

A través de la consultoría, hemos logrado construir un puente entre nuestras raíces españolas y nuestra adoptada patria chipriota, demostrando que es posible reinventarse y prosperar en un nuevo entorno, sin olvidar de dónde venimos.

3

PROPÓSITO DE NUESTRO TRABAJO Y CONTACTO.

Solución Fiscal Chipre, se especializa en ofrecer soluciones fiscales estratégicas y personalizadas, con el objetivo principal de optimizar tu situación fiscal en Chipre.

Nos esforzamos para asegurar que, dentro del marco legal, pagues lo mínimo posible en impuestos, maximizando así tus beneficios y eficiencia operativa.

Entendemos que cada empresa tiene necesidades únicas, por lo que nuestra propuesta siempre es personalizada, sin embargo, para la mayoría de nuestros clientes, hemos encontrado que una estructura particularmente efectiva.

Esta estructura estratégica permite aprovechar de manera óptima el régimen fiscal favorable del país.

Así pues, tu empresa puede beneficiarse de una tasa impositiva sobre sociedades de tan solo el 12.50% anual.

Además, gestionaremos la inscripción en el régimen de "Non-Dom" de Chipre, lo que significa que los impuestos aplicables al pago de dividendos hacia tu persona física se reducirían al 2.65% anual durante un periodo de 17 años, conforme a un acuerdo con la administración pública chipriota.

Este enfoque no solo es eficiente, sino que también es plenamente legal conforme con la legislación fiscal vigente en Chipre.

Este régimen ofrece una ventaja fiscal significativa sin comprometer la legalidad o transparencia de tus operaciones financieras.

Un aspecto notable de este régimen es la flexibilidad que ofrece en términos de residencia.

Para conseguir estas ventajas fiscales, se requiere que residas en Chipre tan solo 60 días al año, lo que proporciona una gran libertad para gestionar tu tiempo y presencia física.

Es importante, sin embargo, asegurarse de no pasar más de 183 días en otro país, para no afectar tu estatus fiscal en Chipre.

Finalmente, dentro de este esquema fiscal, también tendrás la opción de recibir un salario mensual exento de cuotas de autónomos e IRPF.

En lugar de contribuciones a la seguridad social tradicionales, puedes optar por contratar un seguro de salud privado, lo cual es una condición para disfrutar de este beneficio.

Nuestro equipo de expertos está dedicado a guiarte a través de cada paso de este proceso, asegurando que cada aspecto de la estructura fiscal sea manejado con profesionalidad, precisión y de acuerdo con tus objetivos empresariales y personales.

Con nuestro asesoramiento, puedes confiar en que tu situación fiscal no solo será optimizada sino también sostenible a largo plazo.

Nos abalan cientos de clientes, en su mayoría de España, Alemania, Francia e Italia que ya han hecho realidad sus sueños con nuestra optimización fiscal, transparencia, legalidad y trato personalizado de calidad.

Si quieres crear tu empresa en Chipre o precisas de asesoramiento personalizado para comprender profundamente tu situación fiscal, contacta con nosotros a través de:

- Página web: **www.solucionfiscalchipre.com**
- Correo electrónico: **cyprustaxsolution@gmail.com**
- Teléfono móvil con whatsapp: **+357 99953934**

4

PROFESIONES INTERESANTES PARA MUDARSE A CHIPRE.

Gestionamos una gran variedad de clientes que desarrollan actividades económicas diferentes en numerosos países de la Unión Europea, no obstante, los nómadas digitales que se benefician de la libertad de trabajar desde cualquier lugar, corresponden aproximadamente el 70% de nuestros clientes que deciden crear su empresa en Chipre y vivir como mínimo 60 días al año.

Esto se debe a la flexibilidad que disponen, pues les permite explorar nuevas culturas y estilos de vida sin comprometer sus carreras o ingresos, por lo que Chipre, con su clima agradable, su rica historia cultural, y su régimen fiscal favorable para muchos tipos de trabajadores extranjeros y empresas, se ha convertido en un destino atractivo para todos ellos.

Algunos de nuestros clientes que son nómadas digitales se dedican a **las siguientes actividades:**

-Desarrollo de software y diseño web.
-Marketing digital y gestión de redes sociales.
-Creación de contenido en sitios web como youtube, plataformas de redes sociales, además de blogging y creación de cursos online.
-Consultoría finanzas, educación, terapias y coaching online.
-Comercio electrónico mediante la venta de productos a nivel mundial en plataformas como Amazon, tienda online y droshipping.
-Diseño gráfico y animación.
-Programación y análisis de datos.
-Servicios de asistencia virtual.
-Inversión y trading online.
-Desarrollo de videojuegos.
-Producción musical y sonido.
-Arquitectura y diseño interior virtual.
-Ciberseguridad y consultoría de TI.

5

MIGRACION CORPORATIVA.

La planificación de la migración corporativa teniendo en cuenta el año fiscal de las jurisdicciones involucradas es fundamental para asegurar una transición sin contratiempos y eficiente para los negocios que desean reubicarse o expandirse internacionalmente.

Este enfoque no solo facilita la gestión administrativa, sino que también es clave para optimizar la carga fiscal global.

A continuación, profundizamos en la importancia de esta planificación y ofrecemos consideraciones prácticas para su implementación, con un enfoque especial en la migración durante los primeros 6 meses del año para evitar la doble imposición.

Importancia de planificar en función del año fiscal:

-Año fiscal de cada país: Es crucial conocer el año fiscal de la jurisdicción de origen y del destino. Por ejemplo, el año fiscal en España se extiende del 1 de enero al 31 de diciembre, mientras que en otros países puede variar. Chipre, por su parte, también sigue el año calendario para fines fiscales.

-Claridad fiscal: Iniciar operaciones en un nuevo país al comienzo de su año fiscal proporciona una base clara para la contabilidad y la declaración de impuestos, alineando las actividades empresariales con el ciclo fiscal completo del país de destino.

-Evitar la doble imposición: Planificar la migración en concordancia con los años fiscales permite a las empresas reducir de manera significativa el riesgo de ser gravadas dos veces sobre los mismos ingresos. Realizar la migración durante los primeros 6 meses del año fiscal puede ser particularmente estratégico, ya que permite a la empresa establecerse en su nuevo hogar fiscal antes de que se complete la mitad del año fiscal, aprovechando los tratados de doble imposición para asignar adecuadamente los ingresos del año en curso.

- **Flujo de caja y presupuesto:** Comprender y planificar según el ciclo fiscal facilita una mejor gestión del flujo de caja y la planificación presupuestaria, tomando en cuenta las obligaciones fiscales y financieras en ambas jurisdicciones.

- **Cumplimiento regulatorio:** La alineación con el calendario fiscal asegura una adhesión efectiva a los requisitos regulatorios y de reporte, simplificando el cumplimiento en múltiples jurisdicciones.

- **Consultoría profesional:** Ante la complejidad de las leyes fiscales internacionales y el potencial de cambios legislativos, la orientación de un experto en fiscalidad es invaluable. Un asesor puede determinar el momento óptimo para la migración, maximizando beneficios fiscales y mitigando riesgos.

- **Preparación de documentación y cumplimiento:**
La anticipación en la preparación de documentación y la comprensión de los requisitos de cumplimiento son esenciales para facilitar una transición eficiente y evitar contratiempos fiscales por lo que recomendamos tramitar la nueva creación de la empresa en Chipre con 1-2 meses de antelación.

- **Tramitación Modelo 030 en España:**
Corresponde al Censo de obligados tributarios-Declaración censal de alta, cambio de domicilio y/o de variación de datos personales.
Su presentación no es obligatoria, pero sí es aconsejable.
Referente a la renta del año que se realiza el cambio de residencia de tu país a Chipre, si no presentas el modelo 030 deberás demostrar y acreditar con la documentación que sea necesaria, que no has sido residente fiscal en España o en tu país, más de 183 días, y que, por tanto, no tienes obligación de presentar dicha renta.

- **Inscripción en la embajada de tu país en Chipre:**
No es obligatorio pero si que es interesante para continuar con el proceso de desvinculación de tu país de origen.
Los documentos que te pedirán para la inscripción son:
- Yellow slip + 1 fotocopia del mismo
- 1 foto carnet
- DNI + Pasaporte + 1 fotocopia de los mismos documentos.

6

CREACIÓN EMPRESA.

Beneficios: Impuesto de sociedades 12.5 %

Duración aproximada: De 3 semana a 1 mes aproximadamente.

Información necesaria para la tramitación:

-3 posibles nombres para la empresa escritos por orden de preferencia.

Si quieres agilizar el proceso de 7-14 días aproximadamente puedes indicarlo y te mostraremos diferentes nombres que tiene comprados la asesoría para que elijas uno de ellos y te lo pueda ceder.

-Párrafo descripción del negocio en inglés.

-Fotos DNI y pasaporte.

-Nombre director empresa (puede haber 2 socios como directores).

-Nombre secretario empresa (puede haber solo 1 secretario).

-Si hay varios socios-accionistas se debe determinar qué porcentaje de acciones tiene cada uno en la nueva sociedad.

7

YELLOW SLIP.

El "Yellow Slip" es un documento oficial llamado Certificado de Registro Permanente de Ciudadanos de la Unión Europea (Permanent Residence Registration Certificate for European Union Citizens).

Este documento se emite a ciudadanos de la Unión Europea (UE) y a sus familiares que residen en Chipre por un período al menos de 2 meses al año.

El "Yellow Slip" es de color amarillo, de ahí su nombre informal, y sirve como prueba de la residencia legal en Chipre para los ciudadanos de la UE y sus familiares directos.

Permite a los titulares acceder a una serie de derechos y servicios en Chipre, como la atención médica pública, la educación pública y el empleo.

En el momento que la empresa está creada podemos tramitar el Yellow Slips.

Es un trámite en el que tienes que ir en persona a la oficina de inmigración en Nicosia (Chipre), e irás acompañado de un empleado de la asesoría que te guiará y ayudará en todo momento.

Se te avisará cuando tienes la cita y con tu aceptación se confirmará el día y hora para que asistas en persona.

Información necesaria para la tramitación:

-3 meses de extractos bancarios de tu cuenta personal: Es recomendable mostrar una cantidad mínima en ingresos de 1500 € mensuales.

-3 tickets de compras realizadas en Chipre y extracto bancario correspondiente: Supermercado, café, comida bar, taxi...

-Copia del Pasaporte.

-Pruebas de ingresos de salario: 3 extractos bancarios entrada salario de trabajo o contrato trabajo.

-Seguro de salud: Si el cliente no tiene uno, la asesoría le ayudará a gestionarlo por valor aproximado de 200€, el cual dispone de las coberturas mínimas para su validación. Además de la documentación de contratación hay que enviar las condiciones del seguro donde indique las coberturas contratadas.

-Número de teléfono: Puede ser de tu país de origen o de Chipre en caso de que dispongas de él.

-Contrato de 1 año del alquiler de la vivienda contratada en Chipre.

8
NON-DOMICILE.

Es un régimen fiscal especial que permite a aquellos que no son residentes fiscales de Chipre disfrutar de beneficios fiscales significativos.

Bajo este régimen, los individuos que son considerados "no domiciliados" en Chipre pueden reducir los impuestos sobre los ingresos extranjeros (todos aquellos ingresos que provengan de fuera de Chipre).

En el momento que está tramitado el Yellow Slips podemos tramitar el Non-Domicile.

El permiso de Non-Domicile lo recibirás aproximadamente a principios del año siguiente.

Las autoridades fiscales comprobarán si ha permanecido en Chipre 60 días y no más de 183 días en ningún otro país, y además te pedirán estados de cuenta bancarios de todo el año, un análisis en excel con todos tus viajes alrededor del mundo con las tarjetas de embarque.

Beneficios:

-Pago de dividendos 2.65 % hasta 180.000 €.
Todo lo que supere 180.000 € se paga al 0% de impuestos.

-Se realiza un contrato con el gobierno de Chipre por el que te mantienen estas condiciones durante 17 años.

-Sólo es necesario vivir 60 días en Chipre para obtener la residencia y beneficios fiscales.

Consideraciones importantes:

Si vives en Chipre y te consideras residente fiscal de ese país, debes tener cuidado de no pasar más de 183 días en España por varias razones:

-Estatus de residencia fiscal: Al pasar más de 183 días en España, automáticamente te conviertes en residente fiscal español según la legislación española, lo que significa que tus ingresos globales estarían sujetos a tributación en España.
Como residente fiscal de España, deberás declarar y pagar impuestos no solo por los ingresos generados en España sino también por cualquier ingreso obtenido en otros países, incluido Chipre.

-Doble imposición: Aunque España y otros países miembros de la Unión Europea tienen con Chipre un tratado de doble imposición para evitar que sus ciudadanos paguen impuestos dos veces sobre el mismo ingreso, la gestión de estos créditos fiscales puede ser compleja y no necesariamente elimina la carga fiscal por completo. Podrías encontrarte en una situación donde tengas que presentar declaraciones de impuestos en ambos países y navegar a través del proceso de reclamar créditos fiscales por los impuestos pagados en el otro país, lo cual puede ser un proceso complicado y podría resultar en un mayor pago de impuestos de lo esperado.

-Criterios adicionales: En España y otros países de la Unión Europea consideran otros factores adicionales para determinar la residencia fiscal, como el centro de intereses económicos, el lugar donde se encuentra tu mujer e hijos, y si tienes vivienda permanente a disposición en tu país de origen (sea de alquiler o propiedad tuya). Esto significa que incluso si pasas menos de 183 días en España, aún podrías ser considerado residente fiscal si el gobierno puede demostrar que tus vínculos económicos o personales son más fuertes con tu país de origen que con cualquier otro país, por lo que no debes tener intereses económicos ni familiares en tu país de origen, y además, no debes tener vivienda alquilada o si es de tu propiedad, debes alquilarla a terceros.

-Evitar la doble tributación: Para evitar convertirse en residente fiscal en ambos países y enfrentarse a la doble tributación, es importante planificar cuidadosamente tus estancias en tu país de origen y Chipre. Mantener un registro detallado de tu presencia en cada país y buscar asesoramiento fiscal profesional es esencial.

Información necesaria para la tramitación:

-Foto Yellow Slips.

-La identificación (DNI) y pasaporte de tus padres.

-Tu certificado de nacimiento: Si eres español lo puedes solicitar de manera gratuita en esta página web: https://sede.mjusticia.gob.es/es/tramites/certificado-nacimiento.

-Contrato original alquiler vivienda en Chipre: Hay que enviarlo por correo ordinario a las oficinas centrales o entregárselo al empleado de la asesoría en mano cuando se acude personalmente a Nicosia para tramitar el Yellow Slips.

-Documentos de vuelo: Factura, contratación vuelo, tarjeta de embarque aeropuerto.

Aviso importante: La tarjeta de embarque es un documento muy importante. Siempre que se viaja a otro país hay que guardarse el documento de embarque, ya que es posible que a final de año la Administración pública de Chipre lo solicite para comprobar que has estado al menos 60 días en el país.

9

PROCEDIMIENTO:
NO CIUDADANO DE LA UNIÓN EUROPÉA.

Todas las personas que no sean ciudadanos miembros de la Unión Europea que quieren crear su empresa en Chipre y disponer de su residencia fiscal tienen que tramitar la "Residencia temporal" o la "Residencia permanente".

Residencia temporal.

El permiso de residencia temporal en Chipre, el llamado Pink Slip, permite a los titulares de pasaportes no pertenecientes a la Unión Europea extender su estancia en Chipre por más de 3 meses (90 días).
También permitirá a turistas y visitantes extender su estadía sin importar la duración de su visa inicial.
Deben presentar la solicitud antes de que expire su visa actual.

Beneficios:

- Puede ampliar la estancia en Chipre para no europeos hasta un año sin necesidad de visa.
- Puede renovarse.
- Las familias pueden presentar su solicitud al mismo tiempo; cada miembro de la familia presenta un formulario de solicitud por separado y obtiene una residencia temporal.

Requisitos:

- Alquilar una casa o apartamento en Chipre durante 1 año.
- Necesidad de acreditar una cantidad adecuada superior a 5.000 € por cada persona física.

-Para tramitar a los hijos de una familia hay que acreditar que los padres están casados.

Restricciones:

-El solicitante debe permanecer, como mínimo, un total de 90 días en Chipre dentro de 1 año completo, pero sin que este tiempo sea necesariamente consecutivo. Además, puede viajar durante aproximadamente 9 meses a cualquier otro país que desee, pero no puede permanecer más de 3 meses en el mismo lugar. El único país donde puede quedarse todo el año o más de 3 meses consecutivos al año es Chipre.
-No hay derecho a trabajar en Chipre.
-Se concede únicamente a ciudadanos de fuera de la UE que deseen prolongar su estancia en Chipre.
-Válido por un año, renovable anualmente.

Documentos:

-Formulario de solicitud de permiso de residencia temporal en Chipre.
-Contrato de alquiler de 1 año o contrato de compraventa de una casa o departamento.
-Seguro médico.
-Copia del pasaporte.
-Copia del pasaporte u otro documento de viaje, indicando la última llegada a la República de Chipre y la visa correspondiente.
-Copia del certificado o Acta de Matrimonio debidamente certificada y traducida.
-Partidas de Nacimiento de Hijos debidamente certificadas y traducidas.

- Certificado de antecedentes penales original.
- Análisis médicos originales (hepatitis B y C, VIH, sífilis, así como una radiografía de tórax para tuberculosis con la opinión de un médico, sellada por un médico especialista de la República de Chipre).
- Extracto bancario de una cuenta bancaria en el extranjero que muestre una cantidad adecuada de fondos o ingresos estables derivados de distintas fuentes como pensión, dividendos, salario fuera de Chipre, intereses de depósitos...
- Certificado de una institución bancaria en Chipre o estado de cuenta bancaria que demuestre transferencias del extranjero a esta entidad por valor mínimo de 5.000€ por cada persona que solicita la residencia temporal.
- Carta original de garantía bancaria emitida por un banco en Chipre. (Hay que dejar un depósito en la entidad bancaria mientras se mantiene la residencia temporal).

El tiempo de procesamiento para que el banco emita las garantías bancarias es de 1 a 2 días.

Depósitos:
1. Países de Europa del Este, rusos y otros como ciudadanos de Reino Unido = 550 €
2. Países de Oriente Medio = 350€
3. Países asiáticos/americanos = 850€

El procedimiento suele tardar 10 días hábiles para obtener todos los documentos y presentar la solicitud. Luego, el individuo o la familia programarán una cita para que inmigración vaya a obtener datos biométricos.

Residencia permanente.

Hay 2 vías y tiene una validez de por vida, sin necesidad de renovación.

No es necesario residir en Chipre ni antes, ni durante ni después de la solicitud.

El único requisito es que el solicitante visite Chipre una vez cada 2 años, a diferencia de otros países europeos que insisten en la residencia durante al menos 3 meses al año.

Se puede emitir también a:

-Cónyuges.
-Hijos dependientes menores de 18 años.
-Padres.

Hay 2 opciones:

Vía rápida (alrededor de 2-3 meses).

-El requisito principal es la compra de un inmueble en Chipre por un valor total de mercado de al menos 300.000 € + IVA 5%.
El solicitante deberá presentar el formulario de solicitud acompañado de un contrato de compraventa y justificante del pago de al menos 200.000 € + IVA.

El contrato de venta debe haber sido depositado en el Departamento de Tierras y Estudios de Chipre.

-Hay que mostrar que hay ingresos anuales en el extranjero.

-Hay que depositar 30.000 € en una cuenta de un banco chipriota sin retirarlos, al menos durante 3 años seguidos.

Vía normal (12-18 meses).

-El requisito principal es la compra de un inmueble en Chipre sin un valor específico.
El solicitante deberá presentar el formulario de solicitud acompañado de un contrato de compraventa y justificante del pago.

-El contrato de venta debe haber sido depositado en el Departamento de Tierras y Estudios de Chipre.

-Hay que mostrar que hay ingresos anuales en el extranjero.

-Hay que tener abierta una cuenta bancaria en un a entidad Chipriota.

Requisitos adicionales para solicitar la residencia permanente:

-Presentar un certificado de antecedentes penales limpios para todos los miembros de la familia que sean co-solicitantes.

-El solicitante no debe aceptar un empleo ni ejercer ninguna profesión u ocupación en Chipre y presentar un formulario especial (declaración) que confirme que no tiene intención de trabajar o estar contratado en cualquier forma de negocio en Chipre.

-Presentar una copia del pasaporte válido.

-Presentar evidencia de ingresos estables del extranjero, propiedad en el extranjero y extracto de una cuenta bancaria chipriota.

-Presentar una copia del permiso de residencia temporal válido (si el solicitante reside en Chipre).

-Presentar un currículum vitae (incluidas calificaciones académicas) y todas las calificaciones con diplomas.

-Prueba de seguro médico en Chipre.

-Estar presente en las autoridades de inmigración para obtener datos biométricos dentro de un período de un año a partir del día en que se obtuvo la aprobación.

-Ingresos mínimos anuales de 30.000 € procedentes de sueldos del extranjero, pensiones, participaciones en acciones, alquileres...
Los ingresos mínimos anuales se incrementan en 5.000 € por cada persona dependiente.

-Todos los documentos deben estar traducidos al inglés o griego y sellados ante notario.

Preguntas frecuentes:

-¿Los titulares de residencia permanente están obligados a pagar impuestos chipriotas sobre sus ingresos internacionales?
No, a menos que pasen más de 183 días en Chipre al año. Existen importantes ventajas fiscales para los extranjeros que se convierten en residentes fiscales de Chipre.

-¿Cuál es el procedimiento para que un titular de Residencia Permanente solicite la Ciudadanía en función de los años de estancia?
El Inversor debe haber completado 7 años de residencia legal en Chipre antes de la fecha de la solicitud y haber residido legal y continuamente en Chipre durante los 12 meses anteriores a la fecha de la solicitud.

-¿Quiénes se consideran hijos adultos económicamente dependientes?
Hijos solteros de entre 18 y 25 años, que acrediten ser estudiantes universitarios durante al menos 6 meses después de la fecha de solicitud.

-¿Qué pasa si necesita Residencia Permanente "de por vida" para dependientes?
Los niños que son dependientes económicamente, pueden presentar una solicitud por separado para obtener la Residencia Permanente "vitalicia".
En este caso, los padres deberán acreditar unos ingresos adicionales de al menos 5.000 € por cada hijo a cargo.

La Residencia Permanente "de por vida" seguirá siendo válida incluso después de que el niño cumpla 25 años e incluso si ya no es soltero y/o estudiante y/o dependiente económicamente, sin embargo, la Residencia Permanente "de por vida" no se heredará a las próximas generaciones.

10

COMPANY VAT REGISTRATION + COMPANY TAX REGISTRATION + COMPANY MANAGEMENT REGISTRATION.

-Company VAT Registration (TIC-Registro de IVA de la empresa)

Es el proceso mediante el cual una empresa se registra ante la autoridad fiscal correspondiente para obtener un número de identificación de IVA (Impuesto sobre el Valor Añadido).

Este número es necesario para que la empresa pueda recaudar el IVA sobre las ventas de bienes y servicios y deducir el IVA pagado sobre sus compras.

Es fundamental para cumplir con las leyes fiscales.

Permite a la empresa operar legalmente recaudando el IVA y cumpliendo con las obligaciones de informe y pago ante las autoridades fiscales.

Para proceder al registro del IVA de la empresa se necesita cumplimentar una factura modelo en la cual la nueva empresa de Chipre presta servicios a una empresa de la Unión Europea por un importe de 100 €.

La factura no es necesario que sea real.

Nosotros te enviaremos el modelo de factura para que la cumplimentes con tus datos para que nos la vuelvas a enviar.

-Company Tax Registration (Registro fiscal de la empresa)

Este proceso implica registrar la empresa ante la autoridad tributaria para cumplir con todas las obligaciones fiscales corporativas, más allá del IVA.

Esto incluye impuestos sobre la renta, impuestos sobre nóminas, y cualquier otro impuesto corporativo relevante.

Asegura que la empresa sea reconocida por las autoridades fiscales y esté en posición de cumplir con sus obligaciones fiscales, incluido el pago de impuestos corporativos y la presentación de declaraciones de impuestos.

En el momento que está tramitado el Yellow Slips podemos tramitar el TIC Empresa.

Nosotros te avisaremos cuando el departamento de impuestos te envíe por correo electrónico los números fiscales y de identificación de la empresa.

Ese correo electrónico que recibas tendrás que reenviárnoslo a nosotros en el plazo máximo de 2 horas para que no caduque y continuemos con la tramitación del TIC EMPRESA.

Información necesaria para la tramitación:

-Correo electrónico de tu empresa.

-Company Management Registration (Registro de gestión de la empresa)

Es el registro de la empresa en lo que respecta a la gestión interna o la información de los directores y administradores ante las autoridades regulatorias o comerciales.

Esto incluiye la presentación de documentos que detallan la estructura de la empresa, sus directores y cualquier cambio significativo en la gestión.

Facilita la transparencia y el cumplimiento normativo, permitiendo a las partes interesadas, incluidos los bancos, inversores y autoridades regulatorias, acceder a información vital sobre la gestión y estructura de la empresa.

11

PERSONAL TAX REGISTRATION (TIC PERSONAL).

El "Personal Tax Registration" en Chipre se refiere al proceso mediante el cual un individuo se registra ante la autoridad fiscal del país para cumplir con sus obligaciones tributarias personales.

Este registro es necesario para cualquier persona que tenga ingresos gravables en Chipre, incluyendo tanto a residentes como a ciertos no residentes que generen ingresos dentro del país.

Una vez registrado, el individuo recibe un número de identificación fiscal (TIN, por sus siglas en inglés, Tax Identification Number) que debe utilizar al realizar todas sus transacciones y comunicaciones con la autoridad fiscal.

Este número es esencial para la presentación de declaraciones de impuestos sobre la renta, el pago de impuestos y para cumplir con otras obligaciones fiscales personales.

¿Quién necesita registrarse?

-Residentes fiscales en Chipre: Se consideran residentes fiscales las personas que pasan más de 183 días en el país durante el año fiscal. Estos individuos están sujetos a impuestos sobre su renta mundial.

-No residentes con ingresos en Chipre: Aquellos que no cumplen con el criterio de residencia pero que generan ingresos en Chipre a través de diversas fuentes, como empleo, alquileres o negocios. También necesitan registrarse para cumplir con las obligaciones fiscales asociadas a esos ingresos.

El registro para el impuesto personal es crucial por varias razones:

-Cumplimiento legal: Asegura que el individuo cumpla con las leyes tributarias de Chipre, evitando sanciones y multas.

-**Declaración y pago de impuestos:** Facilita la presentación oportuna de declaraciones de impuestos sobre la renta y el pago de cualquier impuesto debido.

-**Beneficios y deducciones fiscales:** Permite al contribuyente reclamar cualquier deducción, crédito o beneficio fiscal al que tenga derecho.

-**Transacciones financieras:** Un número de identificación fiscal es a menudo necesario para varias transacciones financieras y legales dentro del país.

En el momento que está tramitado el Yellow Slips podemos tramitar el TIC Personal.

Nosotros te avisaremos cuando el departamento de impuestos te envíe por correo electrónico los números fiscales y de identificación personal.

Ese correo electrónico que recibas tendrás que reenviárnoslo a nosotros en el plazo máximo de 2 horas antes de que caduque para que continuemos con la tramitación del TIC PERSONAL.

El número de TIC de la persona física lo recibirás en el correo electrónico indicado, por lo que la asesoría no tiene que enviar al cliente ningún documento adicional.

Información necesaria para la tramitación:

-Correo electrónico personal o diferente del de la empresa.
-Número teléfono del país de origen o de Chipre.
-Fotos pasaporte.
-Fotos documento identidad.
-Factura servicios públicos (agua o electricidad) de país de origen antes de residir en Chipre.
-Foto Selfie actual: Lo requieren como prueba para la solicitud.
-Foto Número seguridad social (SIP en caso de España).

12

IVA INTRACOMUNITARIO O TRANSFRONTERIZO (INCLUYE VIES).

El IVA intracomunitario o transfronterizo se refiere al régimen del Impuesto sobre el Valor Añadido (IVA) aplicable a las transacciones de bienes y servicios entre los países miembros de la Unión Europea (UE).

Este sistema está diseñado para facilitar el comercio dentro del mercado único europeo, permitiendo un tratamiento fiscal eficiente y simplificado de las operaciones comerciales transfronterizas entre empresas registradas en diferentes Estados miembros.

El sistema VIES (Sistema de Intercambio de Información sobre el IVA) juega un papel central en este proceso.

¿Qué es el VIES?

El Sistema de Intercambio de Información sobre el IVA (VIES) es una base de datos mantenida por la Comisión Europea que permite a las autoridades fiscales de los Estados miembros de la UE verificar la validez de los números de IVA de las empresas que realizan transacciones intracomunitarias.

Su principal objetivo es prevenir el fraude fiscal en el comercio entre países de la UE y facilitar las operaciones libres de IVA para las empresas registradas.

En el momento que está tramitado el "Registro IVA Empresa" podemos tramitar el VIES.

Hay 4 casos a tener en cuenta para la aplicación del IVA intracomunitario:

-Si tu cliente (empresa o particular) tiene un número de IVA europeo, entonces el IVA es al 0%.

-Si tu cliente (empresa o particular) está fuera de la Unión Europea, el IVA es al 0%.

-Si tu cliente (empresa o particular) está en la Unión Europea y no tiene número de IVA, se aplica un 19%.

-Si tu cliente es una empresa de Chipre, se aplica el 19%.

13

SALARIO.

Estas son las 2 opciones más interesantes en cuanto a elegir el salario mensual que debes ponerte:

a) Puedes percibir un salario mensual en concepto de honorarios de consultoría.

Puedes recibir la cantidad de 15600€ anuales (1300 € mensuales) como salario, pero deberá constar como honorarios de consultoría y cuando transfieras estas cantidades, en la descripción para el banco hay que indicar que son "honorarios de consultoría", y no salario.

Ejemplo concepto transferencia: "Pedro López Consultancy Fees March 2024".

El impuesto correspondiente por los 15600 € anuales es del 2.65% al final del año reflejado en el pago de dividendos de la empresa al socio-accionista.

No se tiene que pagar ninguna cuota de autónomo ni hay ninguna retención del sueldo o IRPF.

Es importante hacerse un seguro de salud completo que puede ir de 300-600 € al año ya que esta opción no contempla gastos sanitarios públicos ni pensión.

b) Puedes percibir un salario mensual convencional.

Para poder disponer de un número de Seguro Social, debes estar registrados en el departamento de Seguridad Social de Chipre como empleado de tu empresa.

Estarás obligados a pagar contribuciones sobre el salario cada mes.

Ejemplo: €1000 (salario) x 26.85% (tasa) = €268.50 de contribución cada mes.

En la transferencia mensual lo debes describir como salario.

Para tener derecho al plan de jubilación, necesitan tener seguro social durante 15 años en Chipre y acumular 33 1/3 unidades.

14
IP BOX.

Las empresas pueden beneficiarse de un tratamiento fiscal más favorable sobre los ingresos derivados de la propiedad intelectual, como patentes, derechos de autor, marcas registradas, diseños industriales...

En la práctica, el trámite del IP BOX corresponde a la realización y aprobación de un proyecto que realizamos sobre un software útil y original a medida para tu negocio, que debe ser usado para tu actividad económica convencional.

Si tienen software cumplimentarás un cuestionario sobre este, y si no tienen software, nosotros te ayudaremos a crear un proyecto y te guiaremos en todo lo necesario, para después presentarlo a la Administración Pública Chipriota y que cumpla todas las condiciones exigidas.

El IP BOX tarda 2 meses aproximadamente (realización de la Resolución y la respuesta del departamento fiscal), pero hay que sumar 2-3 semanas para el segundo registro de creación empresa que hay que disponer, totalmente necesario para tramitar el IP BOX.

Beneficios: Hay una reducción del impuesto de sociedades del estándar 12.5% al 2.50 %., referente a toda aquella actividad económica que sea tramitada mediante el software.

Para disponer de los beneficios fiscales hay que crear una segunda empresa en Chipre para que disponga del IP Box, y así la 1o empresa que factura los ingresos y gastos le transfiere a esta nueva empresa los beneficios para que los gestione en concepto de propiedad intelectual.

El número de IVA (VAT number) será común tanto para la primera empresa creada en Chipre como para la segunda empresa creada en Chipre, la cual dispone del IP BOX.

Hay que hacer una nueva cuenta bancaria para la segunda empresa creada que dispondrá del IP Box.

Información necesaria para la tramitación de la creación de la 2a empresa que dispone del IP BOX:

-3 posibles nombres para la empresa escritos por orden de preferencia.

Si quieres agilizar el proceso de 7-14 días aproximadamente puedes indicarlo y te mostraremos diferentes nombres que tiene comprados la asesoría para que elijas uno de ellos y te lo pueda ceder.

-Párrafo descripción del negocio en inglés.

-Fotos dni y pasaporte.

-Nombre director empresa (puede haber 2 socios como directores).

-Nombre secretario empresa (puede haber solo 1 secretario).

-Si hay varios socios-accionistas hay que determinar qué porcentaje de acciones tiene cada uno de la nueva sociedad.

Por último, para tramitar el TIC de esta nueva empresa necesitamos:

-Nuevo correo electrónico.

15
CONTABILIDAD.

En función del volumen que tengas en facturas, tickets ...y la complejidad de tu contabilidad el precio aproximado varía desde 1500€-3000€ anuales sin incluir el IVA, que es del 19%.

En este precio está incluida la contabilidad de la empresa y de la persona individual.

Además, hay que añadir 1000 € anuales de gastos de auditoría, ya que en Chipre es obligatorio sin incluir el IVA.

La contabilidad se presenta cada trimestre.

Procedimiento a seguir:

En los 5-10 primeros días después de terminar el trimestre actual contable, se envía un correo electrónico a la persona asignada del departamento de contabilidad con todos los tickets, facturas... de ingresos y gastos, además de un extracto bancario detallado de todos los movimientos del trimestre. La asesoría tiene legalmente 1 mes y 10 días, después del vencimiento del trimestre para presentar tu contabilidad.

Gastos deducibles:

Teléfono, internet, informática, imprenta, papelería, dietas de 1 o más personas (comidas y cenas restaurante o bar), gasolina, gastos comida supermercado siempre que sea fuera de Chipre, taxi, hotel, vuelos, viajes completos...

16

INVERSIÓN: CRIPTOMONEDS, EFT, TRAIDING, BOLSA...

Chipre ha sido considerado como un destino atractivo para inversionistas y empresas, gracias a su favorable régimen fiscal, su membresía en la Unión Europea y su posición estratégica entre Europa, Asia y África. A continuación, explicamos la situación sobre criptomonedas, ETFs, trading y bolsa.

Criptomonedas:

El tratamiento fiscal de las criptomonedas en Chipre ha estado en proceso de clarificación, al igual que en muchos otros países.

La tenencia e inversión en criptomonedas no estaban explícitamente reguladas, pero los ingresos generados de actividades comerciales relacionadas con criptomonedas se consideraban sujetos a impuestos como cualquier otra ganancia comercial o de inversión.

Esto implica que tanto las ganancias de capital como los ingresos por actividades de trading de criptomonedas están sujetos al impuesto sobre sociedades y a la repartición de beneficios

–Impuesto de sociedades: Las empresas que realizan actividades de trading de criptomonedas están sujetas al impuesto sobre sociedades estándar en Chipre, que es del 12.5%, pero se puede optimizar con el IP BOX a tan solo un 2.50 %, uno de los más bajos de la Unión Europea.

–Repartición de dividendos: Para individuos, la repartición de beneficios es del 2.65 %.

ETFs, Trading y Bolsa:

La tributación sobre las inversiones en ETFs, acciones y demás instrumentos financieros en Chipre se estructura alrededor del impuesto sobre sociedades para empresas, y para individuos, el impuesto sobre las ganancias de capital.

-Impuesto sociedades: Las ganancias de capital de la venta de títulos, acciones, bonos y otros valores cotizados en cualquier bolsa de valores están exentas del impuesto sobre las ganancias de capital. Sin embargo, hay excepciones y condiciones específicas, por lo que es importante consultar con un asesor fiscal.

-Dividendos: Chipre tiene un régimen favorable para la tributación de dividendos. Los dividendos recibidos por compañías chipriotas de sus inversiones están exentos del impuesto sobre sociedades y sujetos a una contribución del 2.65 %.

-Intereses: Los intereses generados de inversiones (que no sean los intereses generados en el curso normal de los negocios) están sujetos impuesto de repartición de beneficios del 2.65%

17
CUENTAS BANCARIAS.

Para elegir el banco para la empresa y también el particular te indicamos las siguientes opciones:

a) Neobancos:

Es la mejor opción ya que tienen comisiones muy bajas y puedes operar sin problemas en Chipre.

A continuación, te detallo los más interesantes para **Cuenta empresas:**

-Revolut: Es la mejor opción por los servicios que ofrece. Además, te aseguran hasta 100.000 € de tu capital en caso de quiebra.
-Worldfirst
-Airwallex
-Icard
-Vivawallet

A continuación, te detallo los bancos más interesantes para **Cuenta particular:**

-Revolut: Es la mejor opción por los servicios que ofrece. Además, te aseguran hasta 100.000 € de tu capital en caso de quiebra.
-Blackcatcard
-Wirex
-Tap
-Broker: Freedom Finance
-Broker: Etoro

b) Bancos tradicionales Chipre:

Para abrir una cuenta hay que tramitar bastante documentación con estos bancos y los cargos bancarios son poco interesantes para el servicio que prestan.

A continuación, te detallo los más interesantes para **Cuenta de empresa y particular**:

-Eurobank.
-Bank Of Chipre.

Si deseas recibir más información o abrir cuenta en alguno de estos bancos, avísanos y te enviaremos toda la documentación que requieren para ello.

Si decides contratar con alguno de estos bancos tradicionales una persona especializada de la asesoría te ayudará a ello.

18

INMOBILIARIA: ALQUILER Y COMPRA DE VIVIENDA.

Portales en internet donde encontrar vivienda para alquilar o comprar en Chipre:

1. Holprop
2. Properstar
3. Portal Bazaraki.com
4. Facebook Market Place

Inmobiliarias.

Disponemos de una inmobiliaria de confianza que realizan un trato de calidad en todo el territorio de Chipre.

Además, pueden enviar un video del inmueble interesado y después una videollamada del mismo para tu seguridad si deseas contratar la propiedad desde tu país de origen y disponer inmediatamente de la vivienda de alquiler cuando llegues a Chipre.

Si te interesa estudiar los inmuebles que tienen disponibles, sin ningún compromiso, avísanos y te pondremos en contacto con ellos.

Compra de inmuebles.

Hay que tener en cuenta la siguiente información:

El banco emisor del pago debe ser un banco físico, preferiblemente parte de la red SWIFT, por lo que no se puede realizar el pago de la compra de la propiedad desde un Neobanco.

Esto tiene que ver con los requisitos de los bancos en Chipre, ya que realizan procedimientos de debida diligencia para comprobar la fuente de los fondos.

Para realizar la compra-venta de la vivienda el proceso suele tardar entre 3-4 meses aproximadamente.

Otras posibilidades:

Si estás interesado en alquilar una habitación de un apartamento, para residir sólo 2 meses al año y beneficiarte de todo el sistema fiscal de Chipre también disponemos de este servicio, sólo debes preguntarnos por ello.

Cuestiones a tener en cuenta:

La dirección física de la primera propiedad en alquiler o comprada debe estar a nombre de la persona física como residente en Chipre por motivos de residencia fiscal.

También puede incluir el nombre de la empresa en el contrato de alquiler, pero indispensable que aparezca el nombre y número de identificación de la persona física.

Podrás deducir como gasto un 20% del importe del alquiler por cada persona-socio de la empresa, aunque el contrato esté a nombre de persona física

La empresa puede pagar el importe total de las facturas y clasificarlas como gastos, no obstante, si las facturas están a nombre de la empresa, puedes reclamar todo el importe del IVA, pero si están a tu nombre personal sólo puedes reclamar 1/3 del importe del IVA.

19
DAR ALTA SUMINISTRO LUZ.

En Chipre todos los inmuebles que son de alquiler, el inquilino debe dar de alta la luz cuando entra a habitarlo.

La luz se da de alta el mismo día en que se accede al inmueble.

El propietario normalmente acompaña al inquilino a realizar el trámite.

Una vez contratado el servicio de luz, el mismo día tiene suministro.

Para contratar el suministro de luz hay que pagar un depósito a la administración pública chipriota de 200€ en el mismo lugar donde se contrata el servicio, que se devuelve cuando se abandona la vivienda.

El gasto de la luz se paga cada 2 meses.

El suministro de luz, por cuestiones de residencia fiscal, debe estar a nombre de la persona física.

En cuanto a los gastos de luz, debido a que estará a tu nombre como persona física podrás deducirte como gasto 1/3 de importe total como gasto de empresa.

La empresa puede pagar el importe total de las facturas y clasificarlas como gastos, pero si las facturas están a nombre de la empresa, puede reclamar todo el importe del IVA, en cambio si están a tu nombre sólo puede reclamar 1/3 del importe del IVA.

20

DAR ALTA SUMINISTRO AGUA.

En Chipre todos los inmuebles que son de alquiler, el inquilino debe dar de alta el agua cuando entra a habitarlo.

El agua se da de alta el mismo día en que se accede al inmueble.

El propietario normalmente acompaña al inquilino a realizar el trámite.

Una vez contratado el servicio de agua, el mismo día tiene suministro.

Para contratar el suministro de agua hay que pagar un depósito a la administración pública chipriota de 200€ en el mismo lugar donde se contrata el servicio, que se devuelve cuando se abandona la vivienda.

El gasto del agua se paga cada 3 meses.

El suministro de agua, por cuestiones de residencia, debe estar a nombre de la persona física.

En cuanto a los gastos de agua, debido a que estará a tu nombre como persona física podrás deducirte como gasto 1/3 de importe total como gasto de empresa.

La empresa puede pagar el importe total de las facturas y clasificarlas como gastos, pero si las facturas están a nombre de la empresa, puede reclamar todo el importe del IVA, en cambio si están a tu nombre sólo puede reclamar 1/3 del importe del IVA.

21

SEGUROS: SALUD Y VEHÍCULO.

Disponemos del contacto de una agencia de seguros de confianza especializada en extranjeros, que realizan seguros en todo el territorio de Chipre.

Si te interesa que te hagan presupuesto, avísanos y te pondremos en contacto con ellos.

Dudas frecuentes del seguro de salud:

-El seguro de salud se puede pagar en 12 cuotas al año.

-En el seguro de salud habitual, tras obtener una tarjeta o póliza, puedes usarla en su red de instalaciones de centros médicos, sin embargo, si tienes una emergencia, debes ir directamente al hospital más cercano. Cualquier otro trámite deberá ser previamente autorizado.

-No se pueden incluir a 2 o más personas en una misma póliza de un seguro de salud, ya que son pólizas individuales.

-Respecto a los "50€ Franquicia Obligatoria" significa que los 50 euros son un pago único para el primer servicio médico, después de eso el seguro cubrirá hasta el límite contratado.

-Si elegimos la opción "Área 3 - Chipre, Europa, Israel", el seguro cubrirá los procedimientos en cualquiera de las 3 regiones, pero solo hasta el precio que costaría el procedimiento en Chipre.

-Tenemos que pagar los gastos médicos nosotros mismos y luego el seguro nos reembolsa en nuestra cuenta bancaria el importe hasta el límite del seguro si elegimos un médico fuera de la red de instalaciones incluidas en el seguro, pero dentro de la red solo tienes que mostrar tu tarjeta o póliza.

Para solicitar un presupuesto del seguro de salud hay que indicar los siguientes datos:

-Nombre Asegurado.
-Fecha de nacimiento.
-Nacionalidad.
-Número de identificación (DNI).
-Número de pasaporte.
-Dirección completa vivienda Chipre.
-Ocupación.

Para el presupuesto del seguro del coche hay que indicar los siguientes datos:

-Vehículo.
-Matrícula.
-Valor del vehículo.
-Coberturas a contratar.
-Fecha inicio del seguro.

-Nombre propietario del vehículo.
-Número de identificación (DNI).
-Dirección completa en Chipre.

-Nombre del conductor principal.
-Fecha de nacimiento.
-Nacionalidad.
-Número de identificación.
-Número de pasaporte.
-Fecha licencia de conducir.
-Dirección completa en Chipre.

-Nombre del conductor ocasional.
-Fecha de nacimiento.
-Nacionalidad.
-Número de identificación.
-Número de pasaporte.
-Fecha licencia de conducir.
-Dirección completa en Chipre.

- Titular de la póliza de seguro (Tomador).
- Nombre.
- Número de identificación.
- Fecha de nacimiento.
- Nacionalidad.
- Fecha licencia de conducir.

- Compañía de seguros en país de origen que esté en vigor.
- Número de póliza.
- Modelo de vehículo.
- Matrícula.

Aviso importante: Es muy importante aportar documento de bonificación no siniestralidad del tomador del seguro de su compañía actual para que puedan aplicar bonificación y realizar el seguro sin problemas. Sin este documento la mayoría de compañías de seguros en Chipre se niegan a realizar el seguro. Este documento lo puedes pedir a la compañía de seguros de tu país de origen y te lo enviarán sin ningún coste.

Para contratar el seguro del coche la compañía solicita:

- Copia Pasaporte de todos los conductores.
- Copia DNI de todos los conductores.
- Copia Permiso conducir todos los conductores.
- Copia libro de registro del vehículo (Copy of logbook).
- Copia bonificación no siniestralidad del tomador y/o conductor principal.

22
ALQUILER Y COMPRA DE VEHÍCULOS.

Alquiler de vehículos por minutos y horas:

La opción más rápida, si vas a utilizar muy eventualmente el coche, es alquilar vehículos con la empresa Ride Now mediante su APP o su página web: https://ridenow.tech/

RideNow es el primer servicio de carsharing en Chipre, ofreciendo una opción eficiente y flexible para que residentes y turistas alquilen autos por períodos cortos, desde unos minutos hasta varios días.

Puedes recoger y devolver los vehículos en diversas ubicaciones, incluyendo ciudades como Lárnaca, Limasol, Pafos, Nicosia y en ambos aeropuertos de Lárnaca y Pafos.

Utilizando la aplicación de RideNow, puedes desbloquear autos y gestionar tus alquileres.

El servicio incluye los costos de combustible, impuestos y seguro básico, aunque tienes la opción de actualizar a un seguro extendido para reducir la responsabilidad.

Una conexión a Internet es esencial para desbloquear y bloquear los autos a través de la aplicación, lo cual es especialmente importante ya que algunas áreas en Chipre pueden tener cobertura de internet deficiente.

El precio se basa en el tiempo y la distancia con opciones para alquilar por minuto, hora o día.

Hay varios paquetes disponibles que se pueden adaptar a tus necesidades, y los precios son más altos para conductores menores de 25 años debido a las políticas de seguro.

Tardan 1-2 en validarte y luego ya puedes usarlo.

Portales donde podemos contactar con vendedores de coches:

- Facebook market place.
- Bazaraki.com
- Concesionarios y tiendas vehículos de 2o mano.

Interesante:

Disponemos del contacto de un concesionario de confianza que venden coches nuevos de las marcas: Mercedes, Alfa Romeo, Fiat, Jeep, Peugeot, Citroën y Opel. Si vienes de nuestra parte te pueden hacer un descuento especial.

También tienen un pequeño stock de coches de 2o mano y colaboran con una empresa de coches de alquiler (leasing).

Si te interesa estudiar, sin ningún compromiso, los vehículos que tienen, avísanos y te pondremos en contacto con ellos.

Consejos:

- Para los europeos es mejor comprar un coche automático debido a que el cambio de marchas está a la izquierda, aunque es un poco más caro.

- Si estás interesado en comprar un coche de 2o mano es muy importante que lo adquieras de un particular o empresa de total confianza, ya que, un gran porcentaje de coches de 2o mano que se venden en Chipre tienen problemas.

Si estás decidido a comprar un coche de 2o mano por tu cuenta, antes de realizar la compra es muy importante que solicites:

- Historial mantenimiento vehículo.
- Prueba conducción.
- Inspección previa de taller profesional.

Para realizar el trámite de compra del vehículo ANTES debes disponer:

- MOT (equivalente a ITV en España y se pasa cada 2 años en Chipre).
- ROAD TAX (Impuesto que se saca en la oficina de transporte de carretera).

Para realizar el trámite de compra debes disponer de:

-Transferencia de propiedad (Se rellena en gestoría especializada para ello).
-Certificado matriculación.
-Seguro coche activo (nuevo propietario).
-Pasaportes.
-Si compras el coche a nombre de la empresa necesitas el sello de la empresa para el cuño.

El sello te lo pueden hacer en una empresa de cerrajería que fabrica llaves para la vivienda y tienes que hacer constar el nombre de la empresa y el número de registro mercantil. Es recomendable poner también el número de identificación fiscal (TIN) y la dirección completa de donde tienes ubicada fiscalmente la empresa.

Importante:

Todos estos documentos se presentan en las oficinas del servicio ciudadano donde lo sellarán.

Es necesario que te acompañe el antiguo propietario del vehículo que acabas de comprar, para que realice también algunas firmas.

Renovar el impuesto de circulación (Road tax):

-Se debe realizar 1 vez al año.
-El precio aproximadamente es de 66 € al año.

Enlace para renovar el impuesto de circulación:

https://rtd.mcw.gov.cy/WebPhase1/gui/Common/LoginFrameGreek.jsp?lang=en

23

COMPAÑÍAS: INTERNET Y TELÉFONO.

Se puede realizar la contratación del servicio de teléfono móvil e internet en Chipre de manera online, por teléfono o de manera presencial en una de las numerosas oficinas de las compañías que prestan el servicio.

Nuestro consejo es ir a una oficina de manera presencial debido a que, de manera online en numerosas ocasiones tienen las tarifas desfasadas, pero cuando vas a una oficina física te pueden presentar estupendas ofertas, además de ofrecerte ADSL o fibra óptica, según el lugar donde vayas a residir.

Las 3 compañías más importantes de teléfono e internet para contratar son las siguientes:

-CYTA:

Es la compañía más grande de Chipre.

Enlaces web:

https://www.cyta.com.cy/about/en
https://www.cyta.com.cy/internet-home-products/en
https://www.cyta.com.cy/mobile-plans/en

Teléfono fijo: +357 22 880 132

-EPIC:

Es la 2o compañía más grande de Chipre.

Enlace web: https://www.epic.com.cy/en/page/start/home

-PRIMETEL:

Es la 3o compañía más grande de Chipre.

Enlace web: https://primetel.com.cy

Si se realiza el trámite a nombre de la empresa es necesario presentar la siguiente documentación:

-Documentos de la empresa como la constitución, documento director y secretario...

-Sello empresa: El sello te lo pueden hacer en una empresa de cerrajería que fabrica llaves para la vivienda y tienes que hacer constar el nombre de la empresa y el número de registro mercantil. Es recomendable también incluir el número de identificación fiscal (TIN) y la dirección completa de donde tienes ubicada fiscalmente la empresa.

-Contrato alquiler de la vivienda: Si internet lo pones a nombre de la empresa, lo cual es lo más recomendable para deducirse todo el gasto, en el contrato de alquiler debes hacer constar además de tu persona física a la empresa.

Si se realiza el trámite a nombre particular es necesario presentar la siguiente documentación:

-Pasaporte.
-Documento de identificación personal (DNI).
-Contrato alquiler vivienda.

24

ESPACIOS COWORKING.

Si eres un profesional independiente, un emprendedor o un nómada digital que busca un lugar para trabajar y sociabilizar con otros, Chipre es tu destino ideal.

Este país insular del Mediterráneo ofrece una gran variedad de espacios coworking que se adaptan a diferentes necesidades, presupuestos y estilos de vida.

A continuación, presentamos 10 lugares para coworking en Chipre:

-Hub Nicosia: Este espacio se encuentra en la capital de Chipre, Nicosia. Ofrece un ambiente creativo, colaborativo y comunitario. Cuenta con salas de reuniones, áreas de descanso, cocina, biblioteca y eventos regulares.
Los precios van desde 10 € por día hasta 120 € por 1 mes.

-The Cookhouse: Situado en Limassol, combina una cocina profesional con un área de trabajo. Puedes alquilar una estación de cocina por hora o por día, y disfrutar de los platos que preparan otros miembros o tú mismo. También hay una sala de conferencias, una terraza y una cafetería. Los precios van desde 15 € por un día hasta 200 € por un mes.

-Impact Hub Limassol: Ubicado en Limassol, forma parte de una red global de Impact Hub. Ofrece un espacio de trabajo flexible, con escritorios individuales o compartidos, salas de reuniones, eventos y talleres. Los precios van desde 12 € por día hasta 150 € al mes.

-Regus: Esta empresa tiene varias sedes en Chipre como en Nicosia, Limassol y Larnaca. Ofrece oficinas privadas, escritorios dedicados, salas de reuniones, servicios de recepción y acceso a una red global de espacios de trabajo. Los precios varían según la ubicación y el tipo de servicio.

-Coccon: Este espacio se sitúa en el centro histórico de Nicosia y tiene un diseño moderno y minimalista. Cuenta con escritorios individuales y compartidos, salas de reuniones, áreas comunes, cocina y eventos culturales. Los precios van desde 15 € diarios hasta 180€ al mes.

-Home for cooperation: Tiene una ubicación especial, ya que se encuentra en la zona neutral que separa la parte griega y la parte turca de Nicosia. Es un espacio multicultural y multilingüe. Ofrece escritorios individuales y compartidos, salas de reuniones, biblioteca, cafetería y eventos sociales. Los precios van desde 5 € por un día hasta 80 € al mes.

-Gravity Ventures: Este espacio en Nicossia se especializa en el apoyo a startups y emprendedores con ideas innovadoras. Ofrece un programa de aceleración que incluye mentorías, financiación, acceso a una red de expertos y espacios de trabajo. También hay eventos de networking, talleres y charlas. Los precios van desde 20 € al día hasta 250 € al mes.

-The Home Project: Se localiza en Larnaca y tiene una atmósfera acogedora y familiar. Ofrece escritorios individuales y compartidos, salas de reuniones, áreas comunes, cocina y eventos educativos. Los precios van desde 10 € por día hasta 120 € al mes.

- **The Business Bar:** Ubicada en Paphos, tiene una decoración elegante y sofisticada. Ofrece escritorios individuales y compartidos, salas de reuniones, áreas comunes, bar y eventos profesionales. Los precios van desde 15 € al día hasta 200 € al mes.

- **Co-working Latchi:** Se encuentra en Latchi y ofrece una vista espectacular del mar mediterráneo.
Cuenta con escritorios individuales y compartidos, salas de reuniones, áreas comunes, cocina y actividades deportivas. Los precios van desde 10 € al día hasta 100 € al mes.

25

COMIDA A DOMICILIO.

Estas son las empresas en Chipre que pueden llevarte comida a casa, mediante la descarga de la aplicación en tu teléfono móvil:

-Wolt: Es una empresa finlandesa de entrega de comida que comenzó operaciones en Chipre en 2020. La compañía ofrece una amplia gama de servicios a través de su aplicación, incluyendo entrega de comida de restaurantes y compras de supermercado.
En Chipre, Wolt opera en diferentes ciudades como Nicosia, Limassol, Larnaca, Paphos... asociándose con más de 2,000 restaurantes y negocios locales para proporcionar una variedad diversa de productos alimenticios y de venta al detalle.
Wolt también ofrece un servicio de suscripción llamado Wolt+, que proporciona beneficios como cero tarifas de entrega en pedidos elegibles de restaurantes y tiendas, junto con ofertas y descuentos exclusivos. Esta suscripción está diseñada para pagarse por sí misma después de unos pocos pedidos cada mes debido al ahorro en tarifas de entrega.
La compañía ha hecho contribuciones significativas a la economía chipriota apoyando a negocios locales y creando empleos, lo que ha ayudado a cimentar su popularidad entre los consumidores en Chipre.

-Foody Cyprus: Es una aplicación de entrega popular en Chipre que permite a los usuarios pedir comida, comestibles y otros artículos para entrega a domicilio o para recogida.

La plataforma soporta una amplia variedad de cocinas, trabajando en colaboración tanto con cadenas locales como nacionales, lo que proporciona una extensa selección de opciones gastronómicas a los usuarios.

Un aspecto destacado de Foody es su enfoque en la facilidad de uso y la conveniencia.

La interfaz de la aplicación está diseñada para hacer que el proceso de hacer pedidos y seguir el estado de las entregas sea lo más simple y eficiente posible.

Esto se alinea con la tendencia actual de las aplicaciones de entrega de comida, que buscan mejorar la experiencia del usuario al minimizar las complicaciones y maximizar la eficiencia.

Además de ofrecer servicios de entrega de alimentos, Foody en Chipre también se extiende a la entrega de comestibles y otros productos esenciales, proporcionando así una solución integral para las necesidades diarias de los consumidores.

26
NACIONALIDAD.

La adquisición de la nacionalidad chipriota puede realizarse a través de varios métodos, incluyendo la naturalización, el origen, el matrimonio, la inversión.

A continuación, te detallo los requisitos generales y algunos específicos para los métodos más comunes de adquirir la nacionalidad en Chipre:

Por Naturalización:

La naturalización es uno de los métodos más comunes para obtener la ciudadanía en muchos países, incluido Chipre.

Los requisitos incluyen:

-**Residencia legal:** La persona debe haber residido legalmente en Chipre durante un período específico antes de la solicitud. En Chipre, este período es generalmente de 7 años para la mayoría de los solicitantes, pero se reduce a 5 años para los cónyuges de ciudadanos chipriotas. Sin embargo, para las personas con ascendencia chipriota, el período requerido puede ser más corto.

-**Buena conducta:** Demostrar buena conducta y no tener antecedentes penales graves en Chipre o en cualquier otro país.

-**Conocimiento del idioma Griego:** Demostrar un conocimiento adecuado del idioma griego, que es el idioma oficial de la República de Chipre.

-**Medios de Subsistencia:** Demostrar la capacidad para mantenerse a sí mismo y a su familia, si es aplicable.

-Documentación:

La solicitud de nacionalidad requiere la compilación y preparación de algunos documentos oficiales:

- Certificado de nacimiento del solicitante.
- Certificados de matrimonio/divorcio (si aplica).
- Prueba de residencia legal en Chipre (por ejemplo, permisos de residencia).
- Certificado de antecedentes penales limpios, tanto de Chipre como del país de origen del solicitante.
- Prueba de conocimiento suficiente del idioma griego (para solicitudes por naturalización).
- Pruebas de medios financieros suficientes para vivir en Chipre sin ser una carga para el estado.
- Cualquier otro documento que pueda respaldar la solicitud, como pruebas de integración en la sociedad chipriota.

-Presentación de la solicitud:

Una vez recopilados todos los documentos necesarios, la solicitud y los documentos de respaldo deben presentarse ante el Ministerio del Interior de Chipre o la autoridad local designada. Se requiera el pago de una tasa de solicitud.

-Proceso de evaluación:

Después de la presentación, la solicitud entra en un proceso de evaluación, donde las autoridades revisan la documentación, evalúan el cumplimiento de los requisitos y pueden realizar entrevistas o investigaciones adicionales si lo consideran necesario.

- **Decisión y juramento de lealtad:**

Si la solicitud es aprobada, al solicitante se le notificará la decisión y se le pedirá que tome un juramento de lealtad a la República de Chipre. Después de este paso, se otorgará el certificado de naturalización, completando así el proceso de adquisición de la nacionalidad chipriota.

Consideraciones adicionales.

- **Consultoría legal:** Dada la complejidad del proceso y la posibilidad de cambios en la legislación, es recomendable consultar con un abogado especializado en inmigración o derecho de nacionalidad que pueda proporcionar asesoramiento y asistencia personalizada.
Nosotros podemos ayudarte en el proceso.

- **Tiempo de procesamiento:** El tiempo de procesamiento de las solicitudes de nacionalidad puede variar significativamente, dependiendo de la carga de trabajo de las autoridades, la complejidad del caso y la completitud de la documentación presentada.

Por origen:

Las personas que tienen ascendencia chipriota pueden solicitar la ciudadanía sobre la base de su origen.

Esto incluye a aquellos nacidos en el extranjero de padres (o en algunos casos, abuelos) que son ciudadanos chipriotas.

Los documentos requeridos generalmente incluyen certificados de nacimiento, matrimonio y, si es necesario, pruebas de la ciudadanía chipriota de los padres o abuelos.

Por matrimonio:

Los cónyuges de ciudadanos chipriotas también pueden solicitar la nacionalidad después de un período específico de matrimonio y residencia en el país.

Los requisitos incluyen:

-**Duración del matrimonio:** Generalmente, el matrimonio debe haber durado al menos 3 años, y la pareja debe haber vivido en Chipre durante al menos 2 años antes de la solicitud.

-**Documentación:** Presentar certificados de matrimonio, residencia y otros documentos que prueben la autenticidad del matrimonio y la convivencia.

Por inversión:

Chipre ha tenido programas que permiten la adquisición de la ciudadanía a través de inversiones significativas en el país, sin embargo, es importante indicar que el programa de Ciudadanía por Inversión (CBI) fue abolido en noviembre de 2020 tras controversias y críticas, debido a la gran entrada de rusos mediante este sistema.

27
SEGURIDAD.

Descubre la tranquilidad de hacer negocios en Chipre, un paraíso no solo por su clima y belleza natural, sino también por su impresionante seguridad.

En Chipre, la seguridad es tan parte de la vida cotidiana que, en muchos pueblos y pequeñas ciudades, es común que los habitantes dejen sus puertas abiertas durante el día y sus coches desbloqueados con las llaves puestas por la noche.

Imagina la paz de dejar tu bicicleta en el paseo de la playa sin candado, disfrutar de un día soleado de baño y al regresar encontrarla justo donde la dejaste.

Así pues, Chipre mantiene su reputación como uno de los países más seguros en la Unión Europea, con tasas de criminalidad que son envidiablemente bajas en comparación con otros estados miembros, haciendo de Chipre un destino atractivo para vivir, trabajar y estudiar.

Según el informe de seguridad de Numbeo 2023, Chipre se clasificó consistentemente bien en términos de baja percepción de crimen y alta percepción de seguridad en caminar solo durante el día y la noche, siendo el país más seguro de la Unión Europea.

Los 7 países con mayor tasa de criminalidad dentro de la Unión Europea son:

1. Francia
2. Bélgica
3. Suecia
4. Grecia
5. Reino Unido
6. Italia
7. Irlanda

Además, Chipre tiene una de las tasas más bajas de delitos violentos y graves.

Según Eurostat en 2023, la agencia estadística de la Unión Europea, los 7 países con mayor tasa de delitos violentos son:

1. Suecia
2. Dinamarca
3. Finlandia
4. Francia
5. Bélgica
6. Italia
7. Alemania

28

ESCOLARIZACIÓN.

Actualmente los padres pueden elegir el sistema educativo local o escuelas privadas e internacionales, siendo esta última la mejor opción.

A continuación, detallamos los aspectos principales:

SISTEMA EDUCATIVO PÚBLICO.

-Acceso a la educación: Chipre ofrece acceso a la educación pública gratuita a todos los niños residentes en el país, incluidos los de padres extranjeros, desde la educación preescolar hasta la secundaria. La educación es obligatoria para todos los niños entre las edades de 5 y 15 años. Esto refleja el compromiso del país con los derechos educativos bajo diversas convenciones internacionales.

-Idioma de instrucción: El griego es el idioma principal de instrucción en las escuelas públicas en Chipre.
Esto puede representar un desafío para los niños de padres extranjeros que no hablan este idioma, sin embargo, las escuelas suelen ofrecer clases de idiomas adicionales como inglés para ayudar a los estudiantes a integrarse.

ESCUELAS PRIVADAS E INTERNACIONALES.

Para las familias que prefieren o necesitan otra opción, hay numerosas escuelas privadas e internacionales en Chipre que enseñan la mayoría de clases en inglés y otros idiomas, siguiendo programas internacionales como el Bachillerato Internacional (IB) o la enseñanza británica (GCSE y A-Levels).

Estas escuelas suelen atraer a una población estudiantil diversa, incluidos muchos niños de familias extranjeras.

Tipos de escuelas privadas:

En Chipre, las escuelas privadas e internacionales siempre imparten todas las clases en inglés, excepto una de ellas que es el idioma griego, además ofrecen principalmente dos tipos diferentes de educación:

-**Bachillerato internacional (IB):** Programa reconocido internacionalmente que promueve el pensamiento crítico y una mentalidad global.

-**Educación británica:** Incluye los GCSE (General Certificate of Secondary Education) y A-Levels, muy valorados por su rigor académico y amplio reconocimiento universitario.

Ejemplos de escuelas privadas:

Limassol:

-**Pascal English School:** Ofrece una enseñanza británica y el Bachillerato Internacional, preparando a los estudiantes para la educación superior en Chipre y en el extranjero.
-**Limassol International School:** Conocida por su enfoque en el desarrollo integral del estudiante, ofrece una educación que combina elementos de la enseñanza británica con enfoques educativos internacionales.

Nicosia:

-**The G.C. School of Careers:** Fundada en 1973, ofrece un amplio programa educativo basado en la enseñanza británico desde la educación primaria hasta los A-Levels.
-**American Academy Nicosia:** Una escuela privada que ofrece una enseñanza en inglés desde la etapa de preescolar hasta los A-Levels, con énfasis en el desarrollo especializado de los estudiantes.

Larnaca:

- **American Academy Larnaca:** Fundada en 1908, es una de las instituciones educativas más antiguas que ofrece una enseñanza en inglés con énfasis en los valores cristianos.
- **Med High Private English School:** Ofrece educación desde la etapa de preescolar hasta los A-Levels, con un programa que prepara a los estudiantes para universidades en Chipre y en todo el mundo.

Paphos:

- **International School of Paphos:** Ofrece desde la educación infantil hasta los A-Levels, siguiendo la enseñanza británica y promoviendo la excelencia académica y el desarrollo personal.

Precios:

Los costes varían ampliamente dependiendo de la escuela, el nivel educativo y los servicios adicionales ofrecidos. En general, la matrícula puede variar desde unos pocos miles hasta más de diez mil euros al año. Es fundamental contactar directamente con las escuelas para obtener información precisa sobre los precios y los servicios incluidos. Hay que tener en cuenta que, además de la matrícula, puede haber cargos adicionales, como inscripción, libros, uniformes y actividades extracurriculares.

Consideraciones adicionales:

- **Admisión y requisitos:** Las políticas de admisión varían entre las escuelas. Algunas pueden requerir exámenes de ingreso, entrevistas o evaluaciones del rendimiento académico anterior del estudiante.

- **Idioma:** Aunque el medio de instrucción principal es el inglés, las escuelas a menudo ofrecen clases de idiomas adicionales, incluido el griego, para facilitar la integración en el entorno local.

-**Acreditaciones:** Buscar escuelas que estén acreditadas por organizaciones internacionales relevantes, como el Consejo de Escuelas Internacionales (CIS) o la Asociación de Colegios y Escuelas del Bachillerato Internacional (IBO), puede garantizar estándares educativos de alta calidad.

Ejemplos de universidades en Chipre:

-**Universidad de Chipre (University of Cyprus):** Situada en Nicosia, es la principal institución de educación superior del país, ofreciendo una amplia gama de programas en griego y en inglés. Destaca por su investigación y enseñanza en ciencias, humanidades, ingeniería y ciencias sociales.

-**Universidad técnica de Chipre (Cyprus University of Technology):** Ubicada en Limassol, se especializa en campos técnicos y tecnológicos, pero también ofrece programas en ciencias de la comunicación, artes y economía. Sus programas están diseñados para cumplir con las demandas del mercado laboral moderno.

-**Universidad europea de Chipre (European University Cyprus):** Con una oferta educativa que incluye medicina, ciencias de la salud, ingeniería, ciencias sociales y humanidades, esta universidad en Nicosia se distingue por su enfoque en la innovación y la excelencia académica.

-**Universidad abierta de Chipre (Open University of Cyprus):** Ofrece programas de educación a distancia en varios campos, lo que la hace ideal para estudiantes que buscan flexibilidad en su educación.

-**Universidad de Nicosia (University of Nicosia):** Conocida por ser pionera en la oferta de programas en medicina y también por ser la primera universidad en el mundo en ofrecer un Máster en Monedas Digitales. La Universidad de Nicosia atrae a un gran número de estudiantes internacionales cada año.

CONSIDERACIONES LEGALES Y PRÁCTICAS.

Las consideraciones legales y prácticas para inscribir a un niño en el sistema escolar en Chipre, ya sea público o privado/internacional, involucran varios pasos y requisitos que las familias deben tener en cuenta.

Estas consideraciones aseguran que el proceso de inscripción se desarrolle sin problemas y que los estudiantes puedan comenzar su educación en un nuevo entorno de manera efectiva.

Registro y documentación:

-Certificados de nacimiento: Se requiere un certificado de nacimiento oficial y traducido (si no está en griego o inglés) para inscribir al niño en cualquier escuela. Este documento sirve como prueba de la edad del niño y, en algunos casos, de la relación con los padres o tutores legales.

-Prueba de residencia: Los padres deben proporcionar prueba de residencia en Chipre. Esto puede ser un contrato de alquiler, un recibo de servicios públicos a su nombre, o cualquier documento oficial que demuestre su dirección de residencia en la isla.

-Estatus legal: Para niños de familias extranjeras, es crucial presentar documentación que acredite el estatus legal de la familia en Chipre. Esto puede incluir permisos de residencia, visas de trabajo, o documentos similares.

-Historial académico: Para inscripciones en niveles superiores, especialmente en el caso de las escuelas privadas e internacionales, puede ser necesario presentar el historial académico y los certificados de educación previa del niño.

Proceso de inscripción.

-Visitas y reuniones: Se recomienda visitar las escuelas de interés para reunirse con el personal, conocer las instalaciones y entender mejor el entorno educativo y social que ofrecen.

-Aplicaciones y plazos: Tanto las escuelas públicas como las privadas pueden tener plazos específicos para la inscripción. En el caso de las instituciones privadas e internacionales, el proceso de solicitud puede incluir formularios de aplicación, entrevistas, y, en algunos casos, exámenes de admisión.

29
PREGUNTAS FRECUENTES.

-¿Podemos presentar recibos de gastos de comidas, dietas, billetes de avión, hoteles, taxis, etc., tanto de España, donde nos encontramos actualmente, como de otros países, a partir de la fecha de creación de la empresa en Chipre?. Sí, además hay que tener en cuenta que, los gastos en dietas en Chipre se pueden deducir hasta el 1% de las ventas que genere tu empresa Chipriota.

-¿Las compras de alimentos realizadas en un supermercado de un país distinto a Chipre se pueden presentar como gasto contable de la empresa que tenemos en Chipre mediante el recibo o factura?
Sí, puedes presentarlos como gastos de empresa.

-¿Qué otros gastos podemos presentar dentro de la empresa?
Teléfono, informática, imprenta, papelería.

-¿Es el seguro médico privado deducible como gasto de empresa en Chipre?. Sí

-¿Necesitamos facturas de gastos o basta con los recibos de compra?
Mejor si también tienes facturas, pero son válidos los recibos de compra o tickets.

-¿Necesito estar en Chipre para iniciar el trámite?
No, no es necesario estar en Chipre para iniciar el procedimiento de registro del empresa o la residencia fiscal.

-¿Necesito estar en Chipre para empezar a facturar?
No, no es necesario estar en Chipre para empezar a facturar. Puedes operar tu empresa desde cualquier parte del mundo.

-¿Necesito tener una cuenta bancaria en Chipre?
No necesariamente, podemos proporcionarle una lista de bancos en línea que aceptan cuentas para empresas chipriotas.

-¿Puedo elegir mi propio nombre para la empresa?
Sí, se necesitan entre 3 y 4 días hábiles para que se apruebe el nombre de la empresa.

-¿Cuánto tiempo se tarda en constituir la empresa?
La empresa tarda un mes aproximadamente en registrarse, tener un número de IVA para poder emitir tu primera factura.

-¿Cuánto tiempo lleva establecer la residencia fiscal?
El mínimo son 60 días, el proceso se podrá realizar simultáneamente con la empresa.

-Alquilo un inmueble de mi propiedad que está ubicado en mi país de origen, ¿pago impuestos en Chipre o en mi país? Esto depende del país en el que se encuentre la propiedad. Si la propiedad está en España, necesita tramitar el Modelo 210 y pagar trimestralmente el 19% sobre la ganancia del alquiler.

-¿Cuándo tengo que darme de baja de mi país?
Tan pronto como tengamos su número de impuesto personal en Chipre te lo enviaremos y podrás presentar la solicitud de baja.

-¿Es necesario obtener el Certificado de Residencia Fiscal (TRC)?
Podemos solicitar el TRC al departamento de Hacienda solo si alguien lo solicita, por ejemplo, a las autoridades españolas o un banco. Se tarda aproximadamente 3-4 semanas para ser emitido. Solo se puede solicitar a finales del año o a principios del año siguiente, porque hasta esa fecha no podemos demostrar a las autoridades fiscales que usted permaneció en Chipre 60 o 183 días, y por lo tanto, no ha estado en ningún otro país más de 183 días. En algunas ocasiones, algunos clientes lo necesitan el primer año porque las autoridades españolas o europeas lo solicitan, pero no siempre. Los honorarios para el TRC son 500€

-¿Necesito una dirección permanente en Chipre para obtener el estatus de no domicilio? Sí, una dirección permanente es necesario tener facturas de servicios públicos a su nombre. También sirven estudios o habitaciones, lo importante es domiciliar un recibo.

Es la opción más económica si vas a estar poco tiempo. Si te interesa esta opción, avísanos y te ayudaremos.

–¿Es necesario que los 60 días sean consecutivos?
No, se pueden separar 60 días. Por ejemplo, pasar 20 días en marzo, 20 días en junio y 20 días de septiembre.

–¿Cómo cierro la empresa si quiero dejar de hacerlo?
Necesitamos solicitar una suspensión que cuesta 600 €. Entonces la empresa se publica en el boletín del registrador y si no hay oposiciones la empresa se elimina automáticamente después de 6 meses.

–¿Qué pasa si quiero hacer cambios de directores o accionistas?
Sí, puede realizar cambios en el estado de la empresa.
Los cambios tardan 5 días hábiles en realizarse.

–¿Cómo saben las autoridades chipriotas que estoy en Chipre?
El departamento de impuestos le pedirá extractos bancarios para comprobar que ha realizado compras con tu tarjeta dentro de la república (ejemplo: supermercados, tiendas, bares, restaurantes)

–¿Puedo tener una cuenta personal en otro país?
Sí, por supuesto, puedes mantener todas tus cuentas bancarias personales en diferentes jurisdicciones.

–¿Qué pasa si tengo demasiados gastos personales?
Puede agregar algunos de sus gastos personales bajo la empresa si están relacionados a las operaciones de la empresa.

–¿Puedo pagar un coche con el dinero de la empresa?
Sí, es posible pagar el coche y añadirlo como activo de la empresa, pero es un beneficio sujeto a impuestos, no obstante, puedes agregar los gastos relacionados con las operaciones del automóvil cuando se utiliza para la empresa tales como gasolina y servicio.

–¿Cuándo debo pagar impuestos?
Un año financiero en Chipre comienza el 01/01 y finaliza el 31/12.
El impuesto estandar es el 12.5% pero se puede reducir a 2,50% con el régimen IP Box , si utilizas un software en tu empresa.

-¿Cómo funciona el sistema de salud?
Respecto al sistema de salud tienes 2 opciones:

La primera opción es contratar un seguro médico privado en Chipre, que según las garantías a contratar y edad del asegurado puede ir desde 200€ a 800 € al año.

La segunda opción (preferible para familias) es pagarse un salario y contribuyen al seguro social, toda la familia, incluidos los niños, reciben beneficios europeos. La cotización a la seguridad social es del 25,8% del salario porque paga para el empleado y el empleador.

-¿Puedo tener un empleado en la empresa?
Recomendamos contratar a autónomos independientes para que emitan facturas a tu empresa y la misma les paga como subcontratistas. Además, puedes crear un acuerdo entre la empresa y los subcontratistas y añadir los mismos derechos y obligaciones como un empleado, incluso puedes agregar las horas de trabajo, vacaciones anuales...
Lo más interesante es que sean autónomos en su país o tengan su propia empresa para facturarte por los servicios prestados.

-¿Puedo recibir un salario de la empresa? Sí, recomendamos recibir un salario como director de la empresa hasta €15,600 al año. Esto equivale a €1,300 al mes. De esta manera, no necesitas registrarte ni presentar ninguna declaración como persona. Siempre puedes obtener un salario más alto, pero debes presentar una declaración anual como autónomo y no es recomendable ya que pagarás más impuestos.

-¿Cómo me puedo relacionar con otros extranjeros de mi país en Chipre?. En Chipre hay varios grupos de whatsapp de españoles, alemanes y otros extranjeros que hacen quedadas todos los fines de semanas para realizar excursiones, comer, cenar, hacer deporte... y te invitaremos para que te suscribas en ellos.

-¿Que impuesto hay de sucesiones, de patrimonio y sobre donaciones?. No hay ningún impuesto.

-¿Cuándo puedo hacer el pago de dividendos o la repartición de beneficios de la empresa?. Puedes hacerlo 1 vez al año o 4 veces al año (cada trimestre), no obstante, al final del año es lo más recomendable.

-¿Podemos registrar un nombre comercial para que la empresa tenga derechos sobre este nombre cuando publicitemos la empresa? Sí, puedes registrar un nombre comercial con un costo de 300€ (costo actual para el Departamento de Impuestos).

-¿Cuál es el número que se debe utilizar para las facturas de ingresos y gastos de la empresa en Chipre?. El número de identificación Fiscal (TIN) es el número que debes usar tanto en tus facturas de ventas como de gastos. El número de registro mercantil de la empresa no se debe utilizar para ello, aunque si quieres puede constar en la factura que emitas de tus ventas.

-Después de 17 años de estatus de no domiciliado, ¿qué impuestos se pagan cuando se distribuyen dividendos desde la empresa?. El 17% de impuesto especial de defensa sobre los dividendos más 2.65% de GESY = total 19.65%.

-¿Necesito seguro social?. No es necesario tener seguro social para ser director de una empresa.

-Cálculo de algunos días para residencia fiscal en Chipre:
   1. El día de salida de Chipre cuenta como un día de residencia fuera de Chipre.
   2. El día de llegada a Chipre cuenta como día de residencia en Chipre.
   3. La llegada y salida de Chipre el mismo día cuenta como un día de residencia en Chipre.
   4. La salida y llegada a Chipre el mismo día cuenta como un día de residencia fuera de Chipre.

30

HISTORIA DE CHIPRE.

La historia de Chipre es extensa y compleja, marcada por su posición estratégica en el Mediterráneo, que ha atraído a muchas civilizaciones a lo largo de los milenios.

EDAD ANTIGUA:

La prehistoria y antigüedad de Chipre ofrecen un fascinante vistazo a las primeras civilizaciones y el desarrollo humano en el Mediterráneo.

La isla ha jugado un papel crucial en la historia antigua, principalmente debido a su rica fuente de cobre, y su estratégica ubicación que facilitó el comercio y la interacción cultural.

1. Prehistoria:

-**Primeros asentamientos:** La evidencia más temprana de actividad humana en Chipre data del 10o milenio a.C., en el periodo neolítico. Estos primeros habitantes llegaron del continente, introduciendo la agricultura, la ganadería, y las primeras formas de asentamiento permanente en la isla.

-**Neolítico:** Durante este período (aproximadamente 8200-3900 a.C.), Chipre vio el desarrollo de asentamientos significativos, como Choirokoitia y Kalavasos-Tenta, que son Patrimonio de la Humanidad de la UNESCO. Estos sitios muestran evidencia de organización social avanzada, arquitectura de viviendas circulares fortificadas, y prácticas agrícolas y de ganadería.

2. Edad del bronce:

-Comercio de cobre: La Edad del Bronce (aproximadamente 2500-1050 a.C.) transformó a Chipre en un importante centro de producción y comercio de cobre, metal esencial para la fabricación de herramientas y armas en toda la región.
El cobre chipriota era altamente codiciado y se exportaba a todo el Mediterráneo, lo que impulsó la economía y la riqueza de la isla.
El nombre "Chipre" deriva de la palabra latina "aes Cyprium", que significa "metal de Chipre", refiriéndose al cobre.
Este término evolucionó en la palabra latina "cuprum", de donde proviene el término químico actual para el cobre (Cu).
La riqueza generada por el comercio del cobre permitió a Chipre establecer relaciones comerciales y culturales con las principales civilizaciones del Mediterráneo, incluidos egipcios, asirios, y griegos. Esto fomentó un intercambio cultural que se reflejó en el arte, la religión, y las prácticas sociales de la isla.

-Minoicos y micénicos: A finales de la Edad del Bronce, Chipre estuvo influenciada por los minoicos y, más tarde, por los micénicos griegos, quienes establecieron asentamientos y promovieron el uso del griego, la religión y las prácticas culturales helenísticas, que han perdurado hasta hoy.
Además, a lo largo de su historia en la antigüedad, Chipre fue objeto de control y conquista por varias potencias extranjeras, debido a su posición estratégica y sus ricos recursos.
Estas incluyeron a los egipcios, hititas, asirios y persas.

3. Período helenístico griego:

-Conquista de Alejandro Magno: La influencia griega en Chipre se consolidó con la conquista de la isla por Alejandro Magno en el 333 a.C. Tras su muerte, Chipre se convirtió en parte del imperio de los Ptolomeos de Egipto, manteniendo estrechas relaciones culturales y políticas con el mundo helenístico.

- **Gobernación Ptolemaica:** Bajo los Ptolomeos, uno de los generales de Alejandro Magno, Chipre desempeñó un papel estratégico en el Mediterráneo oriental, sirviendo como un importante centro naval y comercial. Durante este tiempo, las ciudades de Chipre experimentaron un florecimiento cultural, con la construcción de nuevos templos, teatros y otros edificios públicos al estilo griego.

4. Período Romano:

- **Anexión al Imperio Romano:** En el 58 a.C., Chipre fue anexada al Imperio Romano por Pompeyo. Se convirtió en una provincia senatorial y, más tarde, durante el reinado de Augusto, pasó a ser una provincia imperial. La romanización de la isla trajo consigo cambios administrativos y un mayor desarrollo urbano.
Durante la dominación romana, Chipre disfrutó de una larga paz y prosperidad. Se mejoraron las infraestructuras, incluidos caminos, acueductos y puertos, y se erigieron magníficos edificios públicos y privados. La vida urbana floreció en ciudades como Paphos, Salamina, y Kourion.

- **Cristianismo:** Chipre tiene un lugar especial en la historia del cristianismo temprano. Según los Hechos de los Apóstoles, los apóstoles Pablo, Bernabé (nativo de Chipre), y Marcos visitaron la isla en su primer viaje misionero, convirtiendo al procónsul romano Sergio Paulo al cristianismo. También se dice que estuvo Lázaro, el resucitado por Jesús, predicando hasta su muerte, donde tiene una iglesia con sus supuestos restos.
Así pues, Chipre se convirtió en uno de los primeros lugares del Mediterráneo en adoptar el cristianismo como religión, con una organización eclesiástica bien establecida desde temprano.
La coexistencia y el sincretismo cultural caracterizaron el período greco-romano en Chipre.
Las prácticas religiosas y culturales griegas se mezclaron con las tradiciones locales y las influencias romanas, creando un rico mestizaje cultural.

El arte y la arquitectura de Chipre durante este período reflejan la fusión de influencias griegas y romanas. Los mosaicos de Paphos, por ejemplo, son testimonios del alto nivel de arte romano en la isla, mientras que numerosos sitios arqueológicos revelan la continuidad de las tradiciones helenísticas.

La economía de Chipre bajo el dominio romano se benefició del comercio dentro del vasto imperio. La producción y exportación de cobre continuaron siendo importantes, y la isla también era conocida por sus vinos y otros productos agrícolas.

EDAD MEDIA:

1. Periodo Bizantino: En Chipre, este periodo se extiende aproximadamente desde el siglo IV hasta el siglo XII. Representa una era de profunda importancia histórica y cultural para la isla. A lo largo de este tiempo, Chipre estuvo firmemente integrada en el Imperio Bizantino, experimentando tanto períodos de paz y prosperidad como tiempos de conflicto y desafío.

La transición de Chipre al control bizantino se dio de manera gradual tras la división del Imperio Romano en el año 395 d.C. Chipre se convirtió en parte del Imperio Romano de Oriente, más tarde conocido como el Imperio Bizantino, con Constantinopla como su capital.

Durante el período bizantino, el cristianismo ortodoxo se consolidó como la religión dominante en Chipre. La construcción de iglesias y monasterios bizantinos, muchos de los cuales aún se conservan hoy, son testimonio de la profunda fe religiosa y la riqueza artística de la época. La arquitectura religiosa de este período se caracteriza por sus elaborados mosaicos, frescos y un estilo arquitectónico distintivo que influiría en el desarrollo posterior de la arquitectura religiosa en la isla.

Desde el siglo VII, Chipre enfrentó numerosas incursiones por parte de los árabes. En el año 649, los árabes realizaron una importante incursión, lo que marcó el inicio de un período de conflictos recurrentes.

En 688, el emperador bizantino Justiniano II y el califa omeya Abd al-Malik firmaron un acuerdo único, según el cual Chipre se convirtió en un condominio, siendo administrado y tributado conjuntamente por bizantinos y árabes. Este arreglo duró hasta que los bizantinos recuperaron el control total de la isla en el siglo X. La reconquista definitiva de Chipre por parte de los bizantinos llevó a un período de reconstrucción y revitalización.
Se fortificaron ciudades y se construyeron nuevas iglesias, reflejando el renacimiento de la influencia bizantina. Durante el período de la iconoclasia en el Imperio Bizantino (726-787 y 814-842), Chipre se convirtió en un refugio para los monjes y los fieles ortodoxos que veneraban íconos, a pesar de que la isla misma no fue inmune a los conflictos internos relacionados con esta controversia. Chipre es hogar de algunos de los ejemplos más impresionantes del arte bizantino, especialmente en forma de mosaicos y frescos en iglesias y monasterios. Estos trabajos no solo son valiosos artísticamente, sino que también proporcionan una visión importante de la vida religiosa y social de la época.

2. Dominio Francolatino (Reino de Chipre): En 1191, durante la Tercera Cruzada, Ricardo Corazón de León de Inglaterra capturó Chipre de Isaac Comneno, quien se había declarado gobernante independiente de la isla. Ricardo utilizó Chipre como base para su cruzada hacia la Tierra Santa, no obstante, poco después de su conquista, vendió la isla a los Caballeros Templarios, y cuando estos encontraron demasiado complicado mantener el control, la vendieron a Guy de Lusignan, un noble francés. Guy de Lusignan estableció el Reino de Chipre, inaugurando un período de dominio francolatino que duraría hasta el siglo XV. Bajo los Lusignan, Chipre se convirtió en un feudo del Sacro Imperio Romano Germánico y luego del Papado, manteniendo estrechos vínculos con Europa occidental. Durante el dominio francolatino, la isla fue caracterizada por una sociedad feudal y una fuerte influencia de la cultura y tradiciones francesas y latinas. Se construyeron numerosas iglesias y castillos góticos, y se establecieron órdenes religiosas católicas.

A pesar de la dominación europea, la población griega ortodoxa mantuvo su fe y prácticas culturales, aunque a menudo en una posición subordinada.

3. Dominio Veneciano:

En 1489, tras la muerte sin herederos de la reina Carlota de Lusignan, Chipre pasó a manos de la República de Venecia a través del matrimonio de Caterina Cornaro, heredera del trono de Chipre, con un noble veneciano. Venecia buscaba controlar Chipre principalmente por su importancia estratégica y económica en el comercio mediterráneo.

Los venecianos se enfocaron en fortalecer las defensas de Chipre para protegerse contra la creciente amenaza otomana. Se construyeron impresionantes fortificaciones en ciudades como Nicosia, Famagusta y Kyrenia. La administración veneciana impuso un sistema de gobierno centralizado, pero también generó descontento entre la población local debido a los altos impuestos y la explotación económica.

El dominio veneciano sobre Chipre llegó a su fin en 1571 cuando la flota otomana, bajo el mando de Lala Mustafa Pasha, conquistó la isla tras el asedio de Famagusta. La resistencia heroica, pero finalmente infructuosa de la guarnición veneciana en Famagusta marcó el fin del control veneciano en Chipre.

EDAD MODERNA:

El Imperio Otomano capturó Chipre de la República de Venecia en 1571, después de un prolongado asedio a la ciudad de Famagusta. La conquista formó parte de la expansión otomana en el Mediterráneo, buscando controlar rutas comerciales estratégicas y contrarrestar la influencia cristiana europea. Bajo el dominio otomano, Chipre se organizó como un eyalato o provincia, con un gobernador designado por el sultán.

La administración otomana implementó sistemas de impuestos y leyes basados en el millet, un sistema que permitía cierto grado de autonomía a las comunidades religiosas no musulmanas. Aunque los otomanos eran musulmanes, promovieron una política de relativa tolerancia religiosa.
La Iglesia Ortodoxa Griega, por ejemplo, recibió reconocimiento legal y se le permitió autogobernarse en asuntos internos, lo que fortaleció su posición en la sociedad chipriota.
La economía de Chipre bajo el dominio otomano experimentó periodos de declive debido a la combinación de factores como el aumento de impuestos, el abandono de la infraestructura y las recurrentes plagas y hambrunas.
Estos problemas económicos, sumados a un sistema administrativo a menudo ineficiente, afectaron la vida de la población local.
La conquista otomana también trajo cambios demográficos significativos, incluida la llegada de colonos musulmanes turcos.
Esto alteró la composición étnica y religiosa de la isla, sentando las bases para las complejas relaciones greco-turcas en Chipre.
A lo largo del período otomano, hubo episodios de resistencia y revueltas por parte de la población chipriota, en gran parte motivados por el descontento con la administración otomana, los altos impuestos y la represión.
La era otomana dejó un legado cultural duradero en Chipre, visible en la arquitectura, la cocina y las tradiciones.
Las mezquitas y los baños turcos en ciudades como Nicosia y Famagusta son ejemplos de la influencia arquitectónica otomana.

HISTORIA CONTEMPORÁNEA:

-Chipre fue cedida al Imperio Británico por el Imperio Otomano:
Sucedió en 1878, bajo el Convenio de Chipre, permitiendo a Gran Bretaña usar la isla como base militar para proteger la ruta a la India, su joya colonial. Aunque inicialmente Chipre fue arrendada al Reino Unido, fue anexada formalmente en 1914 al inicio de la Primera Guerra Mundial cuando el Imperio Otomano se unió a las Potencias Centrales.

Durante el dominio británico, Chipre fue gobernada como una colonia de la Corona. Los británicos implementaron una estructura administrativa colonial, manteniendo al mismo tiempo ciertas estructuras otomanas, como el sistema de millet para las comunidades religiosas.

Bajo el dominio británico, Chipre experimentó mejoras significativas en su infraestructura.

Los británicos construyeron carreteras, mejoraron los puertos, introdujeron el servicio postal y telegráfico, y establecieron un sistema legal basado en el modelo británico.

La administración británica también intentó modernizar la economía chipriota, aunque con éxito limitado.

La agricultura siguió siendo la principal actividad económica, pero se hicieron esfuerzos para diversificar la economía, incluida la promoción del turismo.

Durante el período colonial británico, comenzaron a surgir movimientos nacionalistas en Chipre. La mayoría grecochipriota buscaba la "Enosis", o unión con Grecia, inspirada en el ideal del Megali Idea, el sueño de revivir el Imperio Bizantino bajo el liderazgo griego. Por otro lado, la minoría turcochipriota, influenciada por el nacionalismo turco y en respuesta al movimiento de Enosis, comenzó a abogar por la "Taksim", o la división de la isla entre Grecia y Turquía.

La respuesta británica a estos movimientos fue generalmente represiva, con períodos de ley marcial, censura y exilio de líderes nacionalistas. La tensión entre las comunidades greco y turcochipriotas se intensificó, a menudo con el colonialismo británico actuando como mediador involuntario entre las dos.

-Independencia:

La independencia fue el resultado de un proceso negociado que involucró a Gran Bretaña, Grecia y Turquía. Las conversaciones se llevaron a cabo en un contexto de creciente violencia en la isla, especialmente la campaña de guerrilla llevada a cabo por la organización EOKA (Organización Nacional de Combatientes Chipriotas), que luchaba por la unión (Enosis) de Chipre con Grecia.

La independencia de Chipre se formalizó mediante los Acuerdos de Zúrich y Londres en 1959, que establecieron un marco para la creación de la República de Chipre. Estos acuerdos pretendían asegurar un equilibrio entre las comunidades grecochipriota y turcochipriota, otorgándoles a ambas ciertos derechos políticos y garantías de seguridad. La República de Chipre fue establecida como una república bicomunal, donde el poder sería compartido entre las dos principales comunidades de la isla. El presidente sería grecochipriota y el vicepresidente turcochipriota, con poder de veto en ciertas áreas de gobernanza para proteger los intereses de ambas comunidades.

Los acuerdos también designaron a Grecia, Turquía y el Reino Unido como potencias garantes de la independencia, la integridad territorial y la seguridad de Chipre. Esto les dio el derecho de intervenir en la isla bajo ciertas circunstancias, un punto que tendría implicaciones significativas en el futuro.

A pesar de las esperanzas de paz y estabilidad, las tensiones entre las comunidades greco y turcochipriotas no tardaron en surgir. Disputas sobre la interpretación y aplicación de la constitución condujeron a enfrentamientos intercomunitarios. La situación se agravó, alcanzando su punto crítico en 1963-64, cuando los enfrentamientos armados llevaron a la intervención de las Naciones Unidas.

En respuesta a la violencia, las Naciones Unidas establecieron la Fuerza de Mantenimiento de la Paz de las Naciones Unidas en Chipre (UNFICYP) en 1964, destinada a prevenir nuevos enfrentamientos. La presencia de la UNFICYP continúa hasta hoy. La independencia de Chipre no resolvió las tensiones fundamentales entre sus comunidades constituyentes.

Los eventos posteriores, especialmente el golpe de Estado de 1974 apoyado por Grecia y la subsiguiente invasión turca, llevaron a una división de facto de la isla, una situación que permanece hasta el presente.

Desde 1960, ha habido numerosos intentos de resolver el conflicto chipriota, incluidos planes de reunificación bajo los auspicios de la ONU, no obstante, las diferencias sobre cuestiones de seguridad, gobernabilidad y propiedad han obstaculizado el progreso hacia una solución duradera.

Desde la independencia de Chipre en 1960, las tensiones entre las comunidades greco y turcochipriotas fueron una constante, a menudo exacerbadas por las políticas de las metrópolis, Grecia y Turquía, respectivamente.

El 15 de julio de 1974, un golpe de Estado en Chipre, liderado por la junta militar griega en el poder en Grecia, derrocó al presidente Makarios III, con el objetivo de lograr la Enosis, o la unión de Chipre con Grecia. Este acto fue el pretexto inmediato para la intervención turca.

Turquía, justificando su acción en su derecho a intervenir como potencia garante según los Acuerdos de Zúrich y Londres de 1959-60, lanzó una invasión militar el 20 de julio de 1974, denominada "Operación Atila". La invasión se produjo en dos fases, la primera comenzando el 20 de julio y la segunda el 14 de agosto, extendiendo el control turco al norte de la isla. La invasión llevó a un desplazamiento masivo de poblaciones, con grecochipriotas huyendo hacia el sur y turcochipriotas hacia el norte, exacerbando la división étnica de la isla.

También hubo numerosas víctimas y desaparecidos en ambos lados, y se reportaron violaciones a los derechos humanos.

Como resultado de la invasión, Chipre quedó dividida de facto en dos partes: la República de Chipre, controlada por grecochipriotas, que abarca aproximadamente el 59% del sur de la isla, y el norte, controlado por turcochipriotas y tropas turcas, que abarca aproximadamente el 36% del territorio. La "Línea Verde", una zona desmilitarizada mantenida por la Fuerza de Mantenimiento de la Paz de las Naciones Unidas en Chipre (UNFICYP), separa las dos partes.

En 1983, la administración turcochipriota en el norte declaró la independencia, estableciendo la República Turca del Norte de Chipre (RTNC).

Sin embargo, esta declaración solo ha sido reconocida por Turquía, y la comunidad internacional considera el territorio de la RTNC como parte de la República de Chipre.

ACTUALIDAD:

Chipre se unió a la Unión Europea el 1 de mayo de 2004, como parte de la ampliación más grande de la UE hasta la fecha. La adhesión representó un hito significativo para Chipre, ofreciendo oportunidades para el desarrollo económico, la integración política y la cooperación regional.

Aunque la isla está políticamente dividida, solo la República de Chipre, que controla el sur de la isla, es reconocida internacionalmente y, por tanto, es el único gobierno que representa a Chipre en la UE. La zona norte, autoproclamada como la República Turca del Norte de Chipre (RTNC), solo es reconocida por Turquía y no es miembro de la UE.

La isla está físicamente dividida por la "Línea Verde", una zona de amortiguamiento patrullada por la Fuerza de Mantenimiento de la Paz de las Naciones Unidas en Chipre (UNFICYP). Esta división separa la República de Chipre, de mayoría grecochipriota, en el sur, de la RTNC, de mayoría turcochipriota, en el norte.

La declaración de independencia de la RTNC en 1983 no ha sido reconocida internacionalmente, excepto por Turquía.

Esto ha sido un obstáculo significativo para las relaciones internacionales y la reconciliación en la isla.

Ha habido numerosos esfuerzos y rondas de negociaciones para reunificar la isla bajo un marco federal bicomunal y bizonal. Estos esfuerzos, facilitados por la ONU, han buscado resolver cuestiones clave como la seguridad, la gobernanza, el territorio y la propiedad. Sin embargo, a pesar de algunos avances y la voluntad de compromiso mostrada en diferentes momentos por ambas comunidades, hasta ahora no se ha logrado una solución duradera.

No obstante, el extranjero que viene a vivir no siente en ningún momento que haya ningún conflicto en la actualidad, ya que no hay ningún tipo de agresión armada ni militar desde hace aproximadamente 50 años.

31

CRISIS DE LOS BANCOS CHIPRIOTAS.

La crisis de los bancos chipriotas es un evento significativo en la historia económica reciente de Europa, que tuvo lugar en 2012-2013.

Este episodio fue parte de la crisis de la deuda soberana europea y tuvo consecuencias importantes tanto para la economía de Chipre como para la zona euro en general.

A continuación, presentamos los puntos clave de esta crisis:

Antecedentes

-**Burbuja inmobiliaria y expansión bancaria:** Antes de la crisis, los bancos chipriotas experimentaron una expansión significativa, en parte debido a la inversión en el sector inmobiliario y a la adquisición de bonos del gobierno griego.
-**Crisis financiera global:** La crisis financiera de 2008 afectó negativamente a los bancos chipriotas, exacerbando los problemas derivados de su exposición al sobre endeudado sector inmobiliario y a la deuda pública griega.

Desencadenantes

-**Quita de la deuda griega:** En 2011, como parte de las medidas para abordar la crisis de la deuda en Grecia, se impuso una quita significativa a los bonos del gobierno griego, lo que afectó duramente a los bancos chipriotas debido a su gran exposición a estos activos.
-**Pérdida de confianza y fuga de capitales:** La situación financiera de los bancos chipriotas se deterioró rápidamente, lo que llevó a una crisis de confianza entre los depositantes y a una fuga de capitales.

Consecuencias

-Rescate financiero: En marzo de 2013, Chipre llegó a un acuerdo con la troika (Comisión Europea, Banco Central Europeo y Fondo Monetario Internacional) para un paquete de rescate de 10 mil millones de euros. Este acuerdo incluía medidas duras como la reestructuración de los bancos y la imposición de pérdidas a los depositantes no asegurados (un proceso conocido como "bail-in").
-Control de capitales: Para evitar una fuga masiva de capitales, el gobierno chipriota impuso controles de capitales, una medida sin precedentes en la zona euro que restringía la libre circulación de capital.
-Impacto económico y social: La crisis tuvo un impacto profundo en la economía chipriota, llevando a una recesión, al aumento del desempleo y a la erosión de la riqueza de los hogares.
-Reformas y recuperación: A cambio del rescate, Chipre se comprometió a realizar reformas estructurales significativas. A pesar de la profundidad de la crisis, la economía de Chipre comenzó a mostrar signos de recuperación en los años siguientes.

Respuesta: Reformas Financieras y Bancarias

-Reestructuración del sector bancario: Se redujo el tamaño del sector bancario chipriota y se reestructuraron los principales bancos, incluida la liquidación del Laiki Bank y la transferencia de algunos de sus activos y pasivos al Bank of Cyprus.
-Fortalecimiento de la regulación y supervisión financiera: Chipre fortaleció su marco de regulación y supervisión bancaria para mejorar la gestión de riesgos y aumentar la resiliencia del sector financiero.

Respuesta: Reformas fiscales y de la administración pública

-Consolidación fiscal: Chipre implementó medidas de austeridad para reducir el déficit público, incluidos recortes en el gasto público y aumentos de impuestos.
-Reforma de la administración pública: Se llevaron a cabo reformas para mejorar la eficiencia del sector público, incluida la reducción de la burocracia y la mejora de los servicios públicos digitales.

Respuesta: Reformas del mercado laboral y de pensiones

-Reforma del mercado laboral: Se introdujeron reformas para hacer el mercado laboral más flexible y mejorar la competitividad, incluidas medidas para facilitar la contratación y el despido.

-Reforma del sistema de pensiones: Se implementaron cambios para garantizar la sostenibilidad del sistema de pensiones, incluido el aumento de la edad de jubilación.

-Reformas y políticas para atraer inversores, empresas y nómadas digitales: Estas medidas buscaban no solo recuperar la estabilidad económica sino también diversificar la base económica del país y promover el crecimiento sostenible.

Algunas de las iniciativas más destacadas son:

-Régimen de ciudadanía por inversión: Aunque posteriormente fue suspendido en 2020 debido a preocupaciones sobre su integridad y la presión de la Unión Europea, este programa permitió a inversores extranjeros obtener la ciudadanía chipriota a cambio de una inversión significativa en el país. Esto incluía inversiones en bienes raíces, empresas locales, fondos de inversión, o a través de la creación de empleo.

-Incentivos fiscales: Chipre ha ofrecido una serie de incentivos fiscales para atraer a empresas y profesionales:

    1. Impuesto corporativo competitivo: Con una de las tasas de impuesto corporativo más bajas de la UE (12,5%), Chipre se ha posicionado como un destino atractivo para las empresas internacionales.

    2. Régimen de no domiciliados: Los residentes no domiciliados en Chipre, que cumplen ciertos criterios, pueden beneficiarse de exenciones sobre los ingresos de dividendos y de intereses, así como de las ganancias de capital en ciertas condiciones.

    3. Incentivos para innovación y startups: Se han introducido deducciones fiscales para inversiones en innovación, I+D y startups.

4. Visado para nómadas digitales: Respondiendo a la creciente tendencia del trabajo remoto, Chipre ha lanzado un visado para nómadas digitales, permitiendo a los trabajadores remotos de fuera de la UE vivir en Chipre mientras trabajan para empleadores o clientes fuera del país. Este visado ofrece un entorno atractivo debido al clima, la calidad de vida, y los incentivos fiscales.

5. Simplificación de procedimientos para empresas: Chipre ha trabajado en la simplificación de los procedimientos administrativos y de registro para nuevas empresas, buscando reducir la burocracia y facilitar el inicio y operación de negocios. Esto incluye la mejora de los servicios digitales para el registro de empresas y la gestión de impuestos.

6. Desarrollo de infraestructura y servicios: La inversión en infraestructura de alta calidad, como telecomunicaciones, energía y transporte, junto con la promoción de servicios financieros, legales y empresariales de alta calidad, han hecho de Chipre un destino atractivo para empresas internacionales.

7. Promoción del sector de energía y gas natural: La explotación de yacimientos de gas natural en la Zona Económica Exclusiva de Chipre han abierto nuevas oportunidades para inversores en el sector energético, buscando convertir a Chipre en un hub energético en el Mediterráneo.

Resultados de la recuperación

Hasta 2024, Chipre ha logrado una notable recuperación económica desde la profundidad de su crisis financiera:

-Crecimiento económico: La economía chipriota experimentó un crecimiento sostenido en los años posteriores a la crisis, impulsado por la inversión, el consumo y el crecimiento en sectores como el turismo, la energía y los servicios financieros.

-Reducción del desempleo: La tasa de desempleo, que había alcanzado niveles récord durante la crisis, disminuyó significativamente gracias a la recuperación económica y las reformas del mercado laboral llegando en 2024 a un 6.4 %.

-Estabilidad financiera: Los bancos chipriotas se han vuelto más estables y resilientes, con mejores ratios de capital y liquidez.

-Fin de los controles de capitales: Chipre ha logrado levantar completamente los controles de capitales que se habían impuesto durante la crisis, restaurando la confianza en el sistema financiero.
-Mejora de la confianza inversora: Las reformas implementadas y la recuperación económica han ayudado a restaurar la confianza de los inversores en Chipre.

32

CIUDADES MÁS IMPORTANTES Y LUGARES TURÍSTICOS.

Censo de población

En 2024, Chipre tiene una población total estimada de 875,900 habitantes.

La distribución de la población en las 7 ciudades más importantes de Chipre es la siguiente:

-**Nicosia**: Aproximadamente tiene 330.000 habitantes. Es la capital y la ciudad más grande de Chipre, actuando como el principal centro político, administrativo y cultural.
-**Limassol**: Tiene unos 240.000 habitantes. Es conocida por ser un importante centro financiero y puerto marítimo.
-**Larnaca**: Habitan cerca de 72.000 habitantes. Ciudad costera conocida por sus playas y por albergar el principal aeropuerto de Chipre.
-**Famagusta**: Tiene alrededor de 42.000 habitantes. Importante destino turístico, aunque parte de su área se encuentra en la zona administrada por la República Turca del Norte de Chipre.
-**Paphos**: Dispone aproximadamente de 35.900 habitantes. Sitio de Patrimonio Mundial de la UNESCO y popular destino turístico.
-**Ayia Napa**: Habitan alrededor de 2.900 habitantes. Famosa por sus playas y vibrante vida nocturna.

Respecto a la comunidad extranjera, aproximadamente el 22% de la población en Chipre es extranjera, lo que representa unos 192.698 individuos.

La distribución estimada de extranjeros por nacionalidad, basada en los patrones de migración hasta 2024, es la siguiente:

-**Griegos**: Constituyen alrededor de 86.714 (45%) de la población extranjera, reflejando una estrecha relación cultural e histórica entre Grecia y Chipre.

- **Británicos:** Aproximadamente 38.540 (20%) del total de extranjeros. Chipre es un destino popular para los expatriados británicos debido a su clima, idioma (inglés ampliamente hablado) y lazos históricos.
- **Rusos:** Cerca de 19.270 (10%), atraídos por el clima, las oportunidades de inversión y la calidad de vida.
- **Rumanos y Búlgaros:** Cada grupo representa alrededor de 9.635 (5%) de los extranjeros, reflejando la movilidad laboral dentro de la Unión Europea.
- **Otros:** Incluyen una variedad de nacionalidades que suman aproximadamente 28.905 (15%) del total de extranjeros en Chipre.

Características y lugares turísticos más importantes

1. Nicosia (Lefkosia):

Nicosia, la capital de Chipre, es una ciudad de profunda historia y significativa actividad comercial, marcada por su posición única como la última capital dividida del mundo.

Con raíces que se remontan a más de 4.500 años, Nicosia ha sido el corazón administrativo, político, cultural y económico de Chipre desde el siglo X.

- **Historia antigua y fundación:** Nicosia se desarrolló como un importante centro administrativo y comercial en la Edad del Bronce. A lo largo de los siglos, la ciudad ha sido influenciada por numerosas civilizaciones, incluyendo asirios, egipcios, persas, y romanos, debido a su estratégica ubicación en el Mediterráneo.
- **Era bizantina y medieval:** Durante el periodo bizantino, Nicosia sirvió como un importante centro administrativo y defensivo. La construcción de las murallas venecianas en el siglo XVI, de las cuales tres puertas y parte de las murallas aún se conservan, fue un punto culminante de su arquitectura defensiva destinada a proteger la ciudad de los invasores.

- **Dominio Otomano y Británico:** Bajo el dominio otomano, que comenzó en 1571, Nicosia mantuvo su importancia como centro administrativo. Sin embargo, fue durante el período de administración británica, iniciado en 1878, cuando Nicosia comenzó a modernizarse significativamente, introduciendo nuevas infraestructuras y expandiendo su papel comercial.
- **La división de Nicosia:** La invasión turca de 1974 llevó a la división de Nicosia (y de Chipre), con la creación de la "Línea Verde" que separa la parte sur, controlada por los chipriotas griegos, de la parte norte, administrada por los turcochipriotas. Esta división ha tenido un profundo impacto en la vida y la economía de la ciudad.
- **Actividad comercial y desarrollo:** En la actualidad, Nicosia es un próspero centro de comercio y negocios. La parte sur de la ciudad alberga el gobierno de la República de Chipre, así como numerosas embajadas, bancos, y corporaciones internacionales.

El sector de servicios, especialmente financiero, legal y educativo, juega un papel crucial en la economía de la ciudad.

La ciudad es también un importante centro de comercio minorista, con una mezcla de tradicionales bazares y modernos centros comerciales. La calle Ledra, en el corazón de la ciudad antigua, es un popular destino de compras y ocio.
- **Desafíos y futuro:** Nicosia enfrenta el desafío único de operar y desarrollarse bajo la sombra de la división política y territorial, sin embargo, la ciudad continúa esforzándose por ser un lugar de encuentro para el diálogo y la cooperación entre las comunidades grecochipriota y turcochipriota.

Algunos lugares turísticos:

- **La Línea Verde:** Es la zona desmilitarizada que divide Nicosia en dos, separando la parte sur controlada por los chipriotas griegos de la parte norte, ocupada por los turcos. Pasear a lo largo de la Línea Verde ofrece una perspectiva única de la historia reciente de Chipre.
- **El museo arqueológico de Chipre:** Es el principal museo arqueológico de la isla, donde se pueden ver artefactos que abarcan más de 8.500 años de historia chipriota, desde la era neolítica hasta el periodo romano.

- **La puerta de Famagusta:** Originalmente una de las tres puertas que formaban parte de las murallas venecianas que rodeaban la ciudad antigua, ahora sirve como un centro cultural para exposiciones y eventos.
- **El barrio de Laiki Geitonia:** Ubicado dentro de las murallas de la ciudad, este barrio peatonal restaurado es conocido por sus calles sinuosas, tiendas de recuerdos, talleres de artesanía y cafeterías tradicionales.
- **La catedral de San Juan:** Una impresionante iglesia ortodoxa con hermosos frescos en su interior. Aunque es pequeña, su rica decoración y su importancia histórica la convierten en una visita obligada.
- **El museo Bizantino:** Alberga una de las colecciones más ricas de arte bizantino en Chipre, incluyendo iconos, frescos y otros artefactos religiosos.
- **La muralla Veneciana:** Construida en el siglo XVI por los venecianos para proteger la ciudad contra los invasores, hoy en día, partes de la muralla y algunas de sus puertas y baluartes aún se mantienen en pie, ofreciendo un vistazo al pasado militar de Nicosia.
- **La casa del Dragoman Hadjigeorgakis Kornesios:** Es una de las casas otomanas mejor conservadas y un ejemplo impresionante de la arquitectura urbana del siglo XVIII en Nicosia. Ahora es un museo que muestra cómo era la vida durante el periodo otomano.
- **El barrio Armenio y el museo Armenio:** Explora la historia y la cultura de la comunidad armenia en Chipre, que ha sido parte de la rica mezcla cultural de la isla durante siglos.
- **La calle Ledra:** Es una popular calle comercial y peatonal que corre de norte a sur a través del centro de Nicosia, atravesando la Línea Verde. Ofrece una amplia gama de tiendas, cafés y puntos de vista para observar la dinámica de la ciudad dividida.

2. Limassol (Lemesos):

Limassol, la segunda ciudad más grande de Chipre, es conocida por su vital puerto, rica historia cultural y vibrante vida comercial.

Estratégicamente ubicada en la costa sur de la isla, Limassol ha jugado un papel crucial en la historia y la economía de Chipre desde la antigüedad hasta nuestros días.

- **Historia antigua y orígenes:** Los primeros asentamientos en la región de Limassol se remontan a la antigüedad, con evidencias de ocupación que datan del segundo milenio a.C. La ciudad en sí tiene raíces que se pueden rastrear hasta la antigua ciudad-estado de Kourion y Amathus, dos de los principales centros urbanos del mundo antiguo en Chipre. Estos sitios arqueológicos cercanos ofrecen evidencia de la rica historia cultural y comercial de la región.

- **Periodo Bizantino y edad media:** Durante el periodo bizantino, Limassol sirvió como un importante puerto y base militar. Su importancia continuó en la Edad Media, especialmente bajo el dominio de los Lusignan y los venecianos, debido a su estratégica posición marítima. El Castillo de Limassol, ubicado en el corazón de la ciudad antigua, data de este periodo y se dice que fue el lugar donde Ricardo Corazón de León se casó con Berenguela de Navarra durante la Tercera Cruzada.

- **Dominio Otomano y Británico:** Bajo el dominio otomano, que comenzó a finales del siglo XVI, Limassol experimentó un período de declive. Sin embargo, esta tendencia se revirtió con la administración británica en 1878, que trajo consigo la modernización de la infraestructura y la revitalización del puerto, fomentando el comercio y la actividad económica.

- **Desarrollo moderno y actividad comercial:** En el siglo XX y principios del XXI, Limassol se ha transformado en un dinámico centro de negocios y comercio. Su puerto es uno de los más ocupados del Mediterráneo, manejando una significativa porción del comercio marítimo y de pasajeros de Chipre.

La ciudad también se ha convertido en un centro importante para la industria de cruceros. Además, Limassol es un hub financiero y de servicios, atrayendo inversiones internacionales y empresas de todo el mundo. La ciudad ha visto un notable desarrollo inmobiliario, con la construcción de modernos complejos residenciales, oficinas y centros comerciales.

Eventos como el Carnaval de Limassol y el Festival del Vino atraen visitantes tanto locales como internacionales, promoviendo la cultura y las tradiciones chipriotas.

Algunos lugares turísticos:

- **El castillo de Limassol:** Situado en el corazón del casco antiguo, este castillo medieval alberga el Museo Medieval de Chipre. Según la leyenda, fue aquí donde Ricardo Corazón de León se casó con Berenguela de Navarra.
- **El paseo marítimo de Molos:** Una larga y hermosa zona peatonal a lo largo de la costa, perfecta para caminar, andar en bicicleta o simplemente disfrutar de la brisa del mar. Está flanqueada por palmeras, parques y áreas de juego.
- **La marina de Limassol:** Un moderno puerto deportivo que combina tiendas de lujo, restaurantes y bares, con un impresionante conjunto de yates y barcos. Es un lugar excelente para disfrutar del ambiente lujoso de Limassol.
- **El parque acuático Fasouri Watermania:** Uno de los parques acuáticos más grandes de Chipre, ofrece una variedad de toboganes de agua, piscinas y atracciones para todas las edades. Es una opción divertida para un día en familia.
- **Kourion:** Un importante sitio arqueológico ubicado cerca de Limassol, con impresionantes ruinas que incluyen un teatro greco-romano bien conservado, casas con mosaicos y un antiguo estadio.
- **El santuario de Apolo Hylates:** Cerca de Kourion, este era uno de los principales centros religiosos de la antigua Chipre, dedicado al dios Apolo. Los restos incluyen un templo, un pórtico y un baño sagrado.
- **El museo de vino de Chipre:** Ubicado en Erimi, cerca de Limassol, ofrece a los visitantes la oportunidad de aprender sobre la historia del vino en la isla, que se remonta a más de 5.000 años, y de degustar vinos locales.
- **Colossi Castle:** Un castillo construido en el siglo XIII por los Caballeros de San Juan, es un ejemplo magnífico de la arquitectura militar medieval y un lugar perfecto para los entusiastas de la historia.
- **Las salinas de Akrotiri:** Una importante área de humedales que atrae a una amplia variedad de aves, incluidos flamencos durante ciertas épocas del año. Es ideal para los amantes de la naturaleza y la observación de aves.

- **La ciudad Vieja:** El corazón histórico de Limassol, con sus calles estrechas, tiendas de artesanía, cafés tradicionales y mercados. Es el lugar perfecto para experimentar el encanto local y comprar recuerdos.
- **El mercado municipal de Limassol:** Un bullicioso mercado donde los visitantes pueden encontrar todo, desde frutas y verduras frescas hasta productos locales y artesanías. Es una experiencia cultural auténtica y un gran lugar para probar la cocina chipriota.

3. Larnaca (Larnaka):

Larnaca, una de las ciudades más antiguas de Chipre, combina con armonía su rica historia con una vibrante actividad comercial moderna.

Situada en la costa sureste de la isla, Larnaca es conocida por su fascinante mezcla de influencias culturales, resultado de miles de años de historia, y su estratégica ubicación en el Mediterráneo, que la ha convertido en un importante puerto y centro comercial a lo largo de los siglos.

- **Historia antigua:** La zona alrededor de Larnaca ha estado habitada desde tiempos prehistóricos, como lo demuestran los hallazgos arqueológicos en el área. En la antigüedad, la ciudad era conocida como Kition, o Citio en español, fundada por los fenicios en el siglo XIII a.C. Kition era un importante centro comercial y marítimo, gracias a su puerto natural y su ubicación en las rutas comerciales del Mediterráneo. La ciudad tenía fuertes lazos con el mundo fenicio y griego, lo que se refleja en los restos arqueológicos que incluyen santuarios y fortificaciones.
- **Periodo Bizantino y edad media:** A lo largo de la era bizantina, Larnaca continuó siendo un importante punto de anclaje y centro comercial. Durante la Edad Media, bajo el dominio de los Lusignan y más tarde de los venecianos, Larnaca mantuvo su importancia debido a su puerto, que jugó un papel vital en el comercio entre Oriente y Occidente.

- **Era moderna:** Con la llegada del dominio otomano en el siglo XVI, Larnaca se convirtió en la puerta de entrada de Chipre, recibiendo a diplomáticos, comerciantes y peregrinos. Durante el período británico, que comenzó en 1878, la infraestructura de la ciudad se modernizó y su puerto fue expandido, consolidando aún más su papel como un centro comercial clave.
- **Actividad comercial contemporánea:** En la actualidad, Larnaca es tanto un destino turístico popular como un próspero centro comercial. Su aeropuerto, el Aeropuerto Internacional de Larnaca, es uno de los dos principales puntos de entrada a Chipre, facilitando tanto el comercio como el turismo. La ciudad también sigue siendo un importante puerto, manejando cargas y pasajeros.

Larnaca también se beneficia de una vibrante escena comercial, con una mezcla de tiendas tradicionales y modernos centros comerciales que ofrecen todo, desde artesanías locales hasta marcas internacionales. La ciudad es conocida por su producción de sal y ha desarrollado sectores de servicios, educación e inmobiliario.

Algunos lugares turísticos:

- **El lago salado de Larnaca (Alyki):** Un área natural protegida que atrae a flamencos y otras aves migratorias en invierno.
El lago es también conocido por su cercana mezquita Hala Sultan Tekke, un lugar sagrado para los musulmanes.
- **La iglesia de San Lázaro (Agios Lazaros):** Una impresionante iglesia ortodoxa del siglo IX, construida sobre la tumba de Lázaro, el amigo de Jesús que, según la tradición, vivió en Larnaca después de su resurrección. La iglesia es un excelente ejemplo de la arquitectura bizantina en Chipre.
- **El fuerte de Larnaca:** Un castillo medieval que sirve como museo y ofrece unas vistas espectaculares del mar desde sus murallas.
Se cree que fue construido durante el reinado de Jaime I de Chipre (siglo XIV) y ha sido utilizado como prisión y cuartel.
- **El paseo marítimo de Finikoudes:** Una de las playas más famosas de Chipre, conocida por sus palmeras y su bulliciosa avenida llena de cafés, bares y restaurantes. Es el lugar perfecto para disfrutar del sol mediterráneo y de la hospitalidad chipriota.

- **El museo arqueológico del distrito de Larnaca:** Donde se pueden explorar artefactos que datan de la prehistoria hasta el período romano, proporcionando una visión de la rica historia de la región.
- **Kamares Aqueduct:** Un impresionante acueducto del siglo XVIII, conocido como los Kamares, que fue utilizado para transportar agua a Larnaca desde una fuente a 10 km de distancia. Su elegante construcción y la fila de arcos lo convierten en un lugar fotogénico.
- **El puerto y marina de Larnaca:** Un lugar animado para pasear, con una mezcla de barcos de pesca tradicionales y lujosos yates. La zona también tiene una buena selección de restaurantes y cafeterías.
- **El museo Pierides:** Alberga una de las colecciones privadas más antiguas de Chipre, que abarca más de 4.000 años de historia de la isla, incluyendo artefactos de la Edad del Bronce, periodos greco-romanos y arte bizantino.
- **La mezquita Hala Sultan Tekke:** Ubicada cerca del Lago Salado de Larnaca, esta mezquita es uno de los lugares más sagrados del Islam fuera de Arabia Saudita. Según la leyenda, es el lugar de descanso de Umm Haram, tía de Mahoma.
- **El área arqueológica de Choirokoitia:** Aunque un poco alejado de Larnaca, este sitio prehistórico es uno de los asentamientos neolíticos más importantes del Mediterráneo oriental y ha sido declarado Patrimonio de la Humanidad por la UNESCO.

4. Pafos (Paphos):

Pafos, ubicada en la costa suroeste de Chipre, es una ciudad de gran importancia histórica y cultural, así como un importante centro turístico.

Su historia se extiende desde tiempos prehistóricos hasta la actualidad, pasando por periodos helenísticos, romanos, bizantinos, francos, venecianos, otomanos y británicos.

- **Historia antigua y orígenes:** Pafos es conocida en la mitología griega como el lugar de nacimiento de Afrodita, la diosa del amor y la belleza, lo que ha atraído a visitantes a la región desde la antigüedad.
La ciudad fue capital del reino de Chipre durante el periodo helenístico y romano, lo que contribuyó a su riqueza y desarrollo.

El sitio arqueológico de Nea Pafos es un testimonio de esta época dorada, con sus impresionantes mosaicos que datan del siglo III d.C., que son considerados entre los más bellos del mundo mediterráneo.

-Edad media hasta la época moderna: Durante la Edad Media, Pafos perdió parte de su importancia en favor de otras ciudades de Chipre. Sin embargo, mantuvo su relevancia como centro eclesiástico. Bajo el dominio otomano y posteriormente británico, Pafos se transformó lentamente, pero no recuperó su antiguo esplendor hasta el siglo XX.

-Actividad comercial: La economía de Pafos hoy en día gira principalmente en torno al turismo. La ciudad ofrece una amplia gama de servicios turísticos, incluidos hoteles, restaurantes, bares y actividades de ocio como el golf, el buceo y el senderismo.

Pafos también es conocida por su puerto, que es tanto un centro de actividad comercial como un punto de partida para cruceros y excursiones marítimas.

El Festival Cultural de Pafos y el Festival de Ópera de Pafos atraen a visitantes internacionales y locales con espectáculos de música, danza y teatro. Además, la ciudad fue nombrada Capital Europea de la Cultura en 2017, lo que impulsó la renovación de su infraestructura cultural y aumentó su perfil internacional.

Algunos sitios turísticos:

-Parque arqueológico de Pafos: Un vasto sitio que alberga impresionantes ruinas antiguas, incluyendo casas con mosaicos romanos bien conservados que retratan escenas mitológicas, el Odeón y los restos de palacios y tumbas.

-Las tumbas de los Reyes: Un impresionante complejo funerario datado del siglo IV a.C. que se extiende sobre una vasta área. A pesar de su nombre, el sitio fue el lugar de descanso de altos funcionarios y aristócratas más que de la realeza.

-El castillo de Pafos: Situado en el borde del puerto, este castillo bizantino fue reconstruido por los Lusignan en el siglo XIII y más tarde fortificado por los otomanos. Ofrece vistas maravillosas del puerto y es un popular punto de referencia fotográfico.

-El faro de Pafos: Cercano al Parque Arqueológico, este faro es un lugar ideal para disfrutar de vistas panorámicas de la costa y el paisaje circundante.

- **Aphrodite's Rock (Roca de Afrodita):** Según la mitología, este impresionante peñasco que se alza del mar es el lugar de nacimiento de Afrodita, la diosa griega del amor y la belleza. Se encuentra entre Pafos y Limassol y es un lugar magnífico para admirar el atardecer.
- **Los baños de Afrodita:** Situados en la península de Akamas, se dice que esta piscina natural es donde Afrodita se bañaba.

La zona circundante, llena de senderos naturales, es perfecta para el senderismo y disfrutar de la flora y fauna locales.
- **La iglesia de Panagia Chrysopolitissa:** En este sitio se encuentra el Pilar de San Pablo, donde, según la tradición, el apóstol fue azotado antes de convertir al gobernador romano al cristianismo.

Los restos de una basílica del siglo IV también se pueden explorar aquí.
- **El monasterio de Agios Neophytos:** Fundado por el monje y ermitaño Neophytos en el siglo XII, este monasterio alberga impresionantes frescos bizantinos y ofrece una visión de la vida monástica en Chipre.
- **El bosque de Pafos:** Un vasto y verde refugio que ofrece frescura y una gran oportunidad para el avistamiento de aves, especialmente en la región de Cedar Valley, donde se pueden ver cedros chipriotas endémicos.
- **El museo Bizantino:** Situado en el centro de Pafos, este museo alberga una rica colección de iconos bizantinos y otros artefactos religiosos que datan de los siglos IX al XVIII.

5. Ayia Napa:

Ayia Napa, situada en la costa sureste de Chipre, ha evolucionado de ser un tranquilo pueblo de pescadores a convertirse en uno de los destinos turísticos más populares de la isla, conocido por sus hermosas playas y vibrante vida nocturna.

A pesar de su fama actual como centro de ocio y entretenimiento, Ayia Napa también tiene una rica historia cultural y religiosa.

- **Historia antigua y orígenes:** El nombre "Ayia Napa" se traduce como "Santa Napa", derivado de una palabra que en antiguo griego significa "bosque sagrado". Según la leyenda, un cazador descubrió un icono de la Virgen María en una cueva escondida dentro del bosque, dando origen al nombre del lugar y al establecimiento del monasterio que aún hoy se encuentra en el corazón de Ayia Napa.

-**Desarrollo y crecimiento:** Durante siglos, Ayia Napa permaneció como una pequeña comunidad agrícola y pesquera, relativamente aislada debido a su ubicación en el extremo oriental de Chipre. Sin embargo, su suerte comenzó a cambiar en la década de 1970, cuando Chipre comenzó a desarrollar su industria turística. Las impresionantes playas de arena blanca y las aguas cristalinas de Ayia Napa la convirtieron en un destino atractivo para los turistas.
-**Actividad comercial:** La economía de Ayia Napa gira en gran medida en torno al turismo. La ciudad ofrece una amplia gama de actividades, desde deportes acuáticos y buceo hasta excursiones en bote y eventos musicales. El Parque Acuático WaterWorld, con temática de la antigua Grecia, es uno de los parques acuáticos más grandes de Europa y constituye una importante atracción familiar. El área también es conocida por su variada oferta culinaria, que incluye tanto la cocina chipriota tradicional como opciones internacionales. Los mercados locales y las tiendas venden artesanías, recuerdos y productos típicos de la isla.

Algunos sitios turísticos:

-**Monasterio de Ayia Napa:** Ubicado en el corazón de Ayia Napa, este monasterio del siglo XVI es un oasis de paz y tranquilidad. Construido alrededor de una cueva, el monasterio es un hermoso ejemplo de arquitectura medieval y es uno de los lugares más fotografiados de la ciudad.
-**Playa Nissi:** Famosa por sus aguas turquesas y su arena fina y dorada, Nissi Beach es una de las playas más populares de Chipre. Es un lugar perfecto para disfrutar del sol, practicar deportes acuáticos y participar en fiestas de playa.
-**Parque nacional forestal del cabo Greco:** Un área de belleza natural excepcional, ideal para senderismo, ciclismo y exploración. El parque ofrece impresionantes vistas del mar, formaciones rocosas, cuevas y una rica biodiversidad.
-**Cuevas marinas de Ayia Napa:** Ubicadas cerca del Cabo Greco, estas cuevas son accesibles por mar y son un lugar popular para el buceo y la natación. Las formaciones rocosas y las aguas claras crean un entorno impresionante para explorar.

- **Museo municipal del mar - THALASSA:** Este museo se dedica a la influencia del mar en la historia de Chipre, exhibiendo desde artefactos antiguos hasta fauna marina moderna. La pieza central es una réplica de un antiguo barco mercante griego.
- **Parque acuático WaterWorld Themed Waterpark:** Uno de los parques acuáticos más grandes de Europa, con temática de la mitología griega. Ofrece una gran variedad de toboganes, piscinas y atracciones acuáticas para todas las edades.
- **Playa de Konnos:** Una hermosa y tranquila playa situada entre Ayia Napa y Protaras. Rodeada de colinas cubiertas de vegetación, es ideal para aquellos que buscan un lugar más relajado para nadar y tomar el sol.
- **Puente del amor (Love Bridge):** Una impresionante formación rocosa natural en forma de arco sobre el mar. Es un popular lugar para tomar fotografías y, según la leyenda, quienes besen a su pareja en el puente tendrán amor eterno.
- **Plaza central de Ayia Napa:** El corazón vibrante de la ciudad, lleno de restaurantes, cafés, bares y tiendas. Durante el verano, la plaza se convierte en el centro de la vida nocturna y el entretenimiento.
- **Potamos Liopetriou:** Un pintoresco pueblo de pescadores con casas tradicionales y barcos coloridos, ideal para disfrutar de la auténtica cocina chipriota en un entorno tranquilo.

6. Famagusta (Ammochostos):

Famagusta, situada en la costa este de Chipre, es una ciudad con una rica historia que se remonta a la antigüedad.

A lo largo de los siglos, ha sido un importante centro comercial y cultural, cuya importancia ha fluctuado con el cambio de las dinastías, los imperios y las influencias culturales.

La historia de Famagusta está marcada por periodos de gran prosperidad y trágicas devastaciones, lo que ha dejado un legado de monumentos históricos y un patrimonio cultural rico.

- **Orígenes y antigüedad:** Se cree que Famagusta fue fundada alrededor del siglo III a.C., aunque el área ha estado habitada desde mucho antes. Originalmente conocida como Arsinoe, la ciudad prosperó bajo el dominio ptolemaico y luego romano, beneficiándose de su ubicación estratégica para el comercio marítimo entre Oriente y Occidente.
- **Periodo Bizantino:** Durante el periodo bizantino, Famagusta sirvió como un importante centro de comercio y defensa. Sin embargo, la ciudad sufrió ataques y asedios, incluyendo invasiones árabes que fluctuaron su fortuna hasta la llegada de los cruzados.
- **Auge en la edad media:** La verdadera edad de oro de Famagusta llegó bajo el dominio de los Lusignan en el siglo XIII, cuando se convirtió en uno de los puertos más importantes del Mediterráneo. La ciudad atrajo a comerciantes de todo el mundo, y su riqueza se reflejó en la construcción de magníficas iglesias góticas y edificios públicos. La llegada de los genoveses y más tarde los venecianos continuó esta era de prosperidad, haciendo de Famagusta un punto neurálgico del comercio y la cultura.
- **Dominio Veneciano y Otomano:** Bajo el dominio veneciano (desde 1489), Famagusta fue fortificada masivamente para protegerse contra las crecientes amenazas otomanas. Sin embargo, en 1571, después de un prolongado asedio, la ciudad cayó en manos otomanas. La captura de Famagusta marcó el final de la presencia veneciana en Chipre y el comienzo de un largo periodo de declive para la ciudad, ya que el centro de comercio y poder se trasladó a otras partes del imperio.
- **Era moderna:** Después del dominio otomano, Famagusta pasó a control británico en 1878. La ciudad experimentó un resurgimiento como puerto comercial, especialmente después de la construcción del ferrocarril que la conectaba con el interior de Chipre. Sin embargo, la división de Chipre en 1974 y la invasión turca resultaron en la evacuación y el abandono de Varosha, un próspero distrito turístico de Famagusta, convirtiéndolo en una ciudad fantasma.

-Actividad comercial actual: Hoy en día, Famagusta es conocida por su universidad y como un centro de educación. La parte de la ciudad que está bajo control de la República Turca del Norte de Chipre ha visto desarrollo en términos de turismo y educación, con la apertura de nuevas universidades que atraen a estudiantes internacionales. El turismo se centra en el rico patrimonio cultural de la ciudad y sus magníficas playas, aunque el distrito de Varosha permanece inaccesible. El turismo se centra en el rico patrimonio cultural de la ciudad y sus magníficas playas, aunque el distrito de Varosha permanece inaccesible.

Algunos sitios turísticos:

-La muralla de Famagusta y el bastión de Othello: Las imponentes murallas medievales rodean la ciudad vieja de Famagusta, con el Bastión de Othello, conocido por haber inspirado a Shakespeare para su obra "Otelo". Las murallas y el bastión ofrecen una visión fascinante de la arquitectura militar de la época.

-La catedral de San Nicolás (Mezquita de Lala Mustafa Pasha): Originalmente construida como una catedral gótica en el siglo XIV, ahora funciona como mezquita. Es uno de los ejemplos más impresionantes de arquitectura gótica en el Mediterráneo oriental.

-El palacio del obispo: Cerca de la Catedral de San Nicolás, los restos del Palacio del Obispo son otro testimonio de la rica historia de Famagusta.

-La iglesia de San Jorge de los griegos: Otro magnífico ejemplo de arquitectura gótica, aunque en ruinas, esta iglesia todavía conserva su grandiosidad y es un recordatorio de la importancia de Famagusta durante la era medieval.

-El monasterio de San Barnabás: Ubicado cerca de Famagusta, este monasterio dedicado a San Barnabás, el patrón de Chipre, alberga un museo de iconos y artefactos religiosos.

-La ciudad antigua (Salamis): A pocos kilómetros al norte de Famagusta, las ruinas de Salamis son uno de los sitios arqueológicos más importantes de Chipre, con un teatro, un gimnasio y baños romanos bien conservados.

- **La playa de Varosha:** Aunque Varosha, la zona de playa una vez popular y ahora abandonada, no está abierta al público, las playas cercanas a Famagusta son algunas de las más hermosas de Chipre, ofreciendo aguas cristalinas y arena fina.
- **El museo Canbulat:** Nombrado en honor al comandante otomano que jugó un papel crucial en la captura de Famagusta, este museo se encuentra en una de las puertas de la ciudad y muestra la historia militar de la región.
- **La torre de Othello:** Forma parte de las fortificaciones medievales y ofrece excelentes vistas de la ciudad vieja y el mar. Aunque a menudo se confunde con el Bastión de Othello, ambos son dignos de visita por su importancia histórica.
- **El puerto viejo:** Aunque más pequeño y menos activo que en su época dorada, el puerto ofrece un encantador paseo marítimo, con vistas a los barcos y yates, rodeado de cafeterías y restaurantes donde se puede disfrutar de la cocina local.

33
COMIDA TÍPICA.

La comida típica de Chipre refleja la rica historia cultural y las influencias culinarias que ha recibido la isla a lo largo de los siglos, combinando elementos de las cocinas griega, turca y del Medio Oriente.

A continuación, indico alguno de los platos típicos:

-**Meze:** Similar a las tapas españolas, el meze chipriota es una serie de pequeños platos que se sirven juntos, ofreciendo una amplia variedad de sabores. Puede incluir desde aceitunas, tahini, tzatziki y hummus hasta platos de carne y pescado.
-**Souvla:** Trozos grandes de carne (a menudo cordero, cerdo o pollo) cocinados a la parrilla en un asador largo. Es un plato muy popular en reuniones familiares y festividades.
-**Halloumi:** Un queso semi-duro, salado, que se puede freír o grillar sin derretirse, gracias a su alto punto de fusión. Es originario de Chipre y a menudo se sirve con verduras a la parrilla o como parte de un meze.
-**Sheftalia:** Salchichas a la parrilla envueltas en una red de grasa, típicamente de cerdo o cordero, y condimentadas con cebolla, perejil y especias.
-**Moussaka:** Aunque es un plato conocido en varias cocinas de los Balcanes y del Medio Oriente, la versión chipriota a menudo incluye capas de carne picada y berenjenas, cubiertas con una salsa bechamel y horneadas.
-**Kleftiko:** Cordero cocinado lentamente en su propio jugo hasta que se deshace, tradicionalmente preparado en un horno de barro sellado. Se marina con ajo, limón y hierbas antes de cocinar.
-**Koupepia:** También conocidos como dolmas en otras regiones, son hojas de parra rellenas de una mezcla de carne y arroz, cocinadas en una salsa de tomate.

- **Loukoumades:** Postre que consiste en pequeñas bolas de masa fritas hasta que están crujientes por fuera y esponjosas por dentro, luego se bañan en miel o jarabe y se espolvorean con canela y a veces nueces trituradas.
- **Louvi:** Un plato sencillo pero nutritivo hecho con alubias negras y acelgas, a menudo servido con cebolla picada y aceite de oliva.
- **Afelia:** Trozos de cerdo marinados en vino tinto y condimentados con coriandro antes de ser cocidos. Es un plato tradicional que a menudo se sirve con patatas o bulgur.
- **Tzatziki:** Aunque común en varias cocinas del Mediterráneo Oriental, en Chipre, esta salsa de yogur espeso con pepino, ajo, aceite de oliva y a veces menta, es un acompañamiento frecuente en muchas comidas, especialmente con carnes.
- **Makaronia tou fournou:** Conocido también como pastitsio en Grecia, este es un plato de pasta al horno que incluye capas de macarrones, carne picada y una cubierta cremosa de bechamel.
- **Tarhana:** Una sopa espesa y nutritiva hecha con granos fermentados y yogur, a menudo enriquecida con verduras y trozos de carne.
- **Fasolada:** Una sopa de frijoles blancos considerada como el plato nacional de Chipre, rica en verduras y aromatizada con laurel y aceite de oliva.
- **Elioti:** Un pan de aceitunas, a menudo sazonado con cebolla y hierbas. Es común encontrarlo en panaderías y es perfecto para acompañar los meze.
- **Flaounes:** Pasteles horneados que son típicos en la época de Pascua, hechos con una masa similar al pan rellena de queso, huevos y menta, a veces añadiendo pasas.
- **Loukaniko:** Chorizo chipriota, condimentado con vino y a menudo con semillas de cilantro y naranja, que se puede servir tanto fresco como curado.
- **Trachanas:** Un plato de sopa o porridge hecho de granos triturados y fermentados mezclados con yogur o leche fermentada, a menudo servido caliente con trozos de halloumi o kielbasa.
- **Glyko tou koutaliou:** Un tipo de conserva dulce hecha con frutas o nueces enteras, cocinadas lentamente en almíbar hasta que se caramelizan. Se sirve en pequeñas porciones, como un gesto de hospitalidad, acompañado de agua fría o café.

34
CURIOSIDADES.

-Isla de los gatos: Uno de los datos más peculiares sobre Chipre es que tiene una gran población de gatos. Se dice que estos animales fueron traídos a la isla por Santa Elena en el siglo IV para controlar la población de serpientes. Los gatos son muy respetados y queridos en la isla, y puedes encontrar muchos santuarios y personas que cuidan de ellos. Además, existe una raza llamada el gato chipriota o el "Aphrodite Giant". Estos gatos son grandes, con cuerpos musculosos y una disposición amistosa, y se cree que han estado en la isla desde tiempos antiguos.

-Cultura del halloumi: Chipre es famoso por su queso halloumi, conocido a nivel mundial. Este queso tiene un alto punto de fusión, lo que lo hace ideal para freír o asar. El halloumi es un elemento central en la gastronomía chipriota y ha sido objeto de "guerras culturales" de denominación de origen entre Chipre y otros países.

-La leyenda de Afrodita: Según la mitología griega, Afrodita, la diosa del amor y la belleza, nació en Chipre. El lugar específico asociado con su nacimiento es la Roca de Afrodita, cerca de Pafos, un sitio popular tanto para turistas como para aficionados a la mitología. Los visitantes a menudo detienen sus coches cerca para recoger una piedra como recuerdo o nadar alrededor de la roca para encontrar el amor eterno.

-Vino Commandaria: Chipre es hogar del vino Commandaria, que se considera uno de los vinos más antiguos del mundo que todavía se produce. Se dice que se ha fabricado de la misma manera durante más de 4000 años. Este vino dulce fue documentado por primera vez durante la época de los cruzados, que lo llamaron "el vino de los reyes".

-Reliquias religiosas: Chipre tiene un lugar especial en el cristianismo debido a sus vínculos con San Pablo, quien visitó la isla con San Bernabé. La leyenda local cuenta que San Pablo recibió una paliza en Pafos, lo que le dejó cicatrices. Además, se cree que la "Columna de San Pablo" en Pafos es donde estuvo atado y azotado.

-Biodiversidad única: La isla es un punto de parada crucial para millones de aves migratorias. Chipre está en una ruta migratoria principal y alrededor del 15% de las aves de Europa pasan por la isla cada año en su camino entre Europa y África.

-Flora endémica: Chipre alberga más de 125 plantas que no se encuentran en ningún otro lugar del mundo.
La isla es especialmente conocida por sus especies de orquídeas endémicas, lo que la convierte en un lugar de gran interés para botánicos y amantes de la naturaleza.

-Primera democracia del mundo: Se cree que la antigua ciudad-estado de Salamina en Chipre fue una de las primeras en practicar algún tipo de democracia, incluso antes que la antigua Grecia. Este hecho subraya la importancia histórica de Chipre como un centro de actividad cultural y política en el Mediterráneo antiguo.

-Deporte y pasión: El fútbol es el deporte más popular en Chipre, con una intensa rivalidad entre los principales clubes.
Los partidos entre equipos como APOEL FC y Omonia Nicosia atraen grandes multitudes y muestran el fervor deportivo de los chipriotas.

-Cultura del café: El café es una parte esencial de la vida social en Chipre. El café chipriota se prepara en un pequeño pote de cobre y se sirve con un espeso sedimento. Tomar café en Chipre a menudo implica largas conversaciones y la oportunidad de relajarse con amigos y familiares.

- **Monte Olimpo:** El punto más alto de Chipre es el Monte Olimpo, ubicado en la cordillera de Troodos. No solo es un popular destino turístico para esquiar durante los meses de invierno, sino también un lugar excelente para hacer senderismo y disfrutar de la naturaleza durante el resto del año.

- **La copa Kyrenia:** Uno de los artefactos más intrigantes descubiertos en Chipre es la Copa Kyrenia, una pieza de cerámica del siglo IV a.C. que cambia de color cuando se vierte vino en lugar de agua, debido a sus propiedades químicas.

- **El árbol que cumple deseos:** En el monasterio de Ayia Napa se encuentra un antiguo árbol de higueras conocido como el "árbol que cumple deseos". Los visitantes a menudo atan trozos de tela o papel con sus deseos escritos a las ramas del árbol, esperando que se hagan realidad.

- **La sal de Larnaca:** El lago salado de Larnaca es famoso no solo por su belleza natural, sino también por ser un importante hábitat para las aves migratorias, incluidos los flamencos que hacen una parada aquí en invierno. Durante el verano, el lago se seca y la sal puede ser recolectada, una práctica que ha sido parte de la economía local durante siglos.

- **El agua de Zallogou:** Existe una tradición única en Chipre relacionada con la ceremonia de bautismo llamada "Agua de Zallogou". Durante esta ceremonia, el padrino lanza monedas al agua donde el niño será bautizado para traerle buena fortuna y prosperidad.

- **Iglesias excavadas en roca:** En las montañas de Chipre, se pueden encontrar varias iglesias y capillas excavadas directamente en la roca, algunas de las cuales datan de los primeros tiempos del cristianismo. Estos lugares no solo son espirituales sino también impresionantes obras de arte arquitectónico.

- **El cultivo de olivos:** Chipre tiene una larga historia de cultivo de olivos, algunos de los cuales tienen más de mil años.
El aceite de oliva chipriota es altamente valorado por su calidad y es un ingrediente esencial en muchos platos locales.

- **Puente del amor:** En Ayia Napa se encuentra una formación rocosa natural conocida como el Puente del Amor.
Según la leyenda local, quienes besan a su pareja mientras están de pie sobre el puente serán bendecidos con amor eterno.
Es un lugar popular tanto para turistas como para lugareños.

- **Festival de las flores:** En mayo, Chipre celebra el Festival de las Flores, un evento que marca la llegada de la primavera.
Durante este festival, las ciudades y pueblos se llenan de desfiles, música y, por supuesto, flores en todas partes, con los residentes mostrando elaborados arreglos florales.

- **El enigma de Amathus:** Es uno de los sitios arqueológicos más antiguos de Chipre, con restos que datan del 1100 a.C.
Era una de las antiguas ciudades-estado de Chipre, y legendariamente se cree que fue fundada por uno de los hijos de Heracles.

- **La Iglesia de San Lázaro:** En Larnaca, se encuentra la impresionante Iglesia de San Lázaro, un magnífico ejemplo de arquitectura bizantina construida en el siglo IX.
Según la tradición, Lázaro de Betania, a quien Jesús resucitó de entre los muertos, se convirtió en Obispo de Larnaca y se cree que está enterrado aquí.

- **El bosque de cedros:** Chipre alberga un bosque de cedros en la región de Troodos, que es menos conocido que el famoso bosque de cedros del Líbano, pero igualmente impresionante.
Este bosque ofrece un paisaje espectacular y es un sitio excelente para hacer senderismo y disfrutar de la naturaleza.

Si has encontrado útil y esclarecedor este libro que detalla todos los procesos para crear tu empresa en Chipre y residir en este país con el fin de optimizar impuestos y mejorar tu calidad de vida, te invitamos a compartir tus impresiones dejando una reseña en Amazon.

Valoramos enormemente tu opinión, ya que es crucial tanto para nosotros como para otros emprendedores que buscan información fiable y práctica sobre cómo establecerse en Chipre para aprovechar su favorable régimen fiscal.

Entendemos que escribir una reseña puede parecer un proceso laborioso, pero te pedimos que te tomes unos minutos para expresar tus pensamientos y experiencias.

Tu feedback no solo nos ayuda a mejorar, sino que también asiste a otros en su acción empresarial.

Agradecemos profundamente tu apoyo.

⭐ ⭐ ⭐ ⭐ ⭐

Si quieres crear tu empresa en Chipre o de asesoramiento personalizado para comprender profundamente tu situación fiscal, contacta con nosotros a través de:

- Nuestra página web: **www.solucionfiscalchipre.com**
- Correo electrónico: **cyprustaxsolution@gmail.com**
- Teléfono móvil con whatsapp: **+357 99953934**

¡Deseamos que la optimización de tus impuestos sea una realidad palpable y efectiva!

www.ingramcontent.com/pod-product-compliance
Lightning Source LLC
Chambersburg PA
CBHW071747240526
45471CB00022B/606